基礎教育学

江原武一・山﨑高哉

まえがき

　いま，日本の教育は，急激な社会変動の前に「危機」に瀕していると言われ，文字通り多種多様な改革の渦中にある。それゆえ，教育学も，相次いで出される改革案を検討し，その妥当性を「教育の視点」から批判的に吟味するという課題の前に立たされている。もし，教育学がその課題の解決にいささかなりとも貢献することができないとすれば，学問としての教育学の「レーゾン・デートル」（存在理由）が問われるに違いない。

　しかし，言うまでもなく，教育学の課題は，それだけではない。教育学は，子どもの発達と学習，教育をめぐる様々な問題，例えば，少子化，引きこもり，アダルト・チルドレン，いじめや不登校，学力低下，学習意欲の減退，非行・犯罪の増加，アイデンティティの危機などにどう立ち向かうかという難しい課題にも直面している。さらに，情報技術（IT）化，知識社会化，グローバル化（国際化），多文化社会化，消費社会化，価値多元化といった，数え上げると切りがないほどの急激な社会変化が，私たちの日常生活や人間形成にどのような影響を及ぼしているか，また，私たちはそれにどう対応すべきなのか，これも教育学に突きつけられた大きく，重い問いかけである。また，戦争やテロ，地球環境問題や食糧問題，臓器移植や脳死問題，児童虐待や自殺等々，

人類の存続や「いのち」の尊厳を脅かす数々の問題も，人間や教育のあり方を根源的に問い直すよう，教育学に迫っている。

　本印刷教材『基礎教育学』は，これらの諸課題について，あるいは1章ないし1節を設けて論じたり，あるいは，別のテーマとの関連のなかで論じたりして，時代と社会の要請に真正面から応答しようとしている。そうすることによって，転換期にある日本の教育とその教育改革の現状を，原点に立ち返って検証し，今後の日本の教育と教育改革の方向を展望しようとしている。

　本印刷教材は，また，『基礎教育学』と銘打っていることからも明らかなように，教育現象のあらゆる次元――教育の目的・目標，内容・方法，政策・制度・施設，マネジメント等――についての学問的反省に立って，教育学の「基礎」とは何かを明らかにし，教育学を新しく学ぼうとする人びとの入門書の役割を果たそうとしている。「教育問題」や「教育病理」をめぐる論議ばかりが盛んになり，教育実践論や技術論が氾濫している教育学の現状を見るとき，もとより，私たちの身近にある教育の生きた現実や実践例を無視するわけにはいかないが，それらに即し，それらを出発点としながら，それらが，私たちに問いかけ，呼びかけているものを真摯に受け止め，教育学全体の思考の枠組のなかに適切に位置づけて，総合的な体系化を図ることが必要であるように思われる。私たちは，そのような思いを込めて，自らの

浅学非才を顧みず、「基礎教育学」の構築に挑戦したのである。

本印刷教材は、15章から構成されているが、テーマごとに大きくくくると、4部構成になっているとも言えよう。各章のねらいと学習のポイントを簡単に述べておこう。

第1章、第2章は、教育と学習、教育と発達との関係を原理的に考察し、人間の生涯にわたる三者の関係のあり方を検討している。第3章、第4章では、西洋と日本における代表的な子ども観と教育観の変遷をたどり、その基本的なとらえ方を明らかにしている。

第5章は、家庭と教育をめぐる様々な問題の考察を通して、家庭の本来的あり方と家庭に固有の教育課題を探っている。第6章、第8章、第9章では、特に学校教育の問題に照明を当て、学校不信の状況下での学校のあり方と社会的役割を検討するとともに、教育課程と教育評価のあり方について考察を加えている。第11章は、大学教育の問題を取り上げ、大学の機能、日本における大学教育の変遷、大学評価の観点から大学教育のあり方について考察している。第12章は、生涯学習の理念と日本における展開を踏まえ、今後の生涯学習活動の課題を明らかにしている。

第7章、第10章は、多文化社会における教育のあり方について、市民性教育及び価値教育、宗教教育の視点から検討を加えている。第13章では、国際化時代における

教育のあり方について，国際化のための教育（国際理解教育，外国語教育，日本語教育など）と教育システムの国際化（教育システムの標準化，海外子女教育・帰国子女教育，在日外国人教育，国際学校など）を中心に考察している。

　第14章では，今日，世界各国で大規模に展開されている教育改革の背景を国際比較の観点から分析し，望ましい教育改革のあり方を探っている。第15章では，第二次世界大戦後の日本の教育改革の歩みをたどるとともに，今後の日本の教育の課題と展望について論じている。第15章は，また，本書の総括の役割を担っている。

　本印刷教材が，放送教材（ラジオ）とともに活用され，受講者諸君が教育学の基礎をしっかり身につけられ，教育及び教育学への興味・関心を抱いていただければ，幸いである。

　2007年3月

江原　武一
山﨑　高哉

目 次

まえがき　　　　　　　　　　　江原　武一・山﨑　高哉　3

1── 教育と学習　　　　　　　　　　　　　　山﨑　高哉　11
　1．「教育」の語義 ……………………………………………11
　2．「学習」の語義 ……………………………………………16
　3．教育と学習との関係 ……………………………………19

2── 発達と教育　　　　　　　　　　　　　　山﨑　高哉　23
　1．「発達」の語義 ……………………………………………23
　2．発達の定義と類似の概念 ………………………………26
　3．発達と教育との関係 ……………………………………30

3── 子ども観と教育観(1)　　　　　　　　　　山﨑　高哉　35
　1．聖書における子ども観・教育観 ………………………35
　2．中世における子ども観・教育観 ………………………38
　3．近代における子ども観・教育観 ………………………40

4── 子ども観と教育観(2)　　　　　　　　　　山﨑　高哉　47
　1．近代以前の子ども観・教育観 …………………………47
　2．近代における子ども観・教育観 ………………………55

5 ── 家庭と教育　　　　　　　　　　　山﨑　高哉　63
1. 日本の家庭の現状 …………………………………63
2. 今日の家庭教育の問題点 …………………………65
3. 子育ての基本原理 …………………………………71
4. 家庭に固有の教育課題 ……………………………72

6 ── 学校教育の社会的役割　　　　　　片山　勝茂　79
1. わが国の学校教育の現状 …………………………79
2. 学校教育の社会的役割 ……………………………83
3. 「確かな学力」と「生きる力」 …………………87

7 ── 多文化社会と市民性の育成　　　　片山　勝茂　91
1. シティズンシップの三つの意味 …………………91
2. 英国の市民性教育の現状と背景 …………………93
3. 日本における多文化社会の進展と市民性の教育 ……96
4. 日本と英国での市民性教育の捉え方の違い ……98

8 ── 教育課程と学力観　　　　　　　　深堀　聰子　103
1. 教育課程とは何か …………………………………103
2. 学習指導要領の変遷 ………………………………107
3. 学力低下論争における学力観の対立 ……………111
4. 教育課程の今日的課題 ……………………………117

9 ── 教育評価の構造　　　　　　　　　深堀　聰子　121
1. 教育評価とは何か …………………………………121
2. 指導要録の変遷 ……………………………………132
3. 教育評価の今日的課題 ……………………………135

10——宗教と学校　　　　　江原　武一 139
 1．公教育の改革課題 …………………………139
 2．価値教育としての宗教教育 ………………142
 3．公教育における宗教教育の位置 …………144
 4．宗教教育の方向 ……………………………148

11——大学教育の改革　　　　　南部　広孝 153
 1．大学の歴史と機能 …………………………153
 2．日本における大学教育の改革 ……………156
 3．大学教育の評価 ……………………………162

12——生涯学習の展開　　　　　南部　広孝 169
 1．生涯教育理念の登場 ………………………169
 2．日本の教育政策における生涯学習理念 …172
 3．生涯学習と学校・大学 ……………………176
 4．これからの課題 ……………………………181

13——国際化と教育　　　　　江原　武一 185
 1．国際化時代の教育 …………………………185
 2．「教育の国際化」の考え方 ………………189
 3．国際化と教育の課題 ………………………192

14——転換期の教育改革　　　　　江原　武一 201
 1．グローバル化のインパクト ………………201
 2．「小さな政府」の登場 ……………………206
 3．情報技術（IT）革新の進展 ………………209
 4．日本の教育改革の動向 ……………………210
 5．教育改革の方向 ……………………………216

15――日本の教育のゆくえ　　　　　　　　江原　武一 219
　　1．日本の教育改革の歩み：第二次世界大戦後 ……………219
　　2．教育の基本的な捉え方 ………………………………222
　　3．子育ての基本原理と「教育する家庭」の課題　…………224
　　4．問われる学校教育の社会的役割 ……………………226
　　5．大学教育と生涯学習の改革課題 ……………………232
　　6．日本の教育のゆくえ …………………………………235

索　　引　　　　　　　　　　　　　　　　　　　　　　237

1 教育と学習

山﨑　高哉

《ポイント》　今日，教育や学習の意義が曖昧になり，その必要性すら疑われている。そこで，「教育」と「学習」という言葉の分析を通して，教育とは何か，学習とは何かについて考察するとともに，人間が人間らしく生きていくために，教育と学習が不可欠であることを明らかにする。
《キー・ワード》　1.教育　2.をしふ　3.そだつ　4.education　5.学習
6.まなぶ　7.ならう　8.learning　9.教え―学ぶ関係

1．「教育」の語義

　今日の教育改革論議のなかで「教育」や「教え（る）」という言葉の評判が芳しくない。「教える」ことから「育てる」ことへ，「教え」から「学び」へ，と主張されている。しかし，はたして「教育」や「教え（る）」という言葉がそれほど問題の多い概念なのであろうか。「教育」と「学習」との分離・分割は可能なのであろうか。
　一般に，ある事柄の本質を解明しようとするとき，その事柄を指し示す言葉の意味を分析したり，またその意味のつながりを明らかにしたりするということがよく行われる。
　そこで，ここでも，「教育」とは何かという問いに答えるために，まず「教育」という言葉は，どのような語源をもち，また，日常的にどのような意味に用いられてきたのかを探ることから始めることにしよう。

(1)漢字における「教育」の語義
　言うまでもなく，教育という熟語は，「教」と「育」からできてい

る。ここでは、初めに「教」と「育」、それぞれの漢字の成立を考察し、その後に、「教育」の語義を明らかにすることにしよう。

「教」という字は、攴（ボク）と子と爻（コウ）の会意兼形声文字である。攴は、かつて、子どもを棒や鞭で叩いてしつけるという意味に解されたこともあったが、しかし、それは手に棒か道具をもって作業する姿を表すにすぎない。子どもが何か悪いことをしたとき、肩など「軽くたたいて注意する」ことを意味している。

攴が上から施すのに対して、爻は「子が上に見習う、倣う」の意を表し、大人と子どもの間に交流が生じ、大人が教え、子どもがそれを受けて真似る（倣う）ことを意味している[1]。それゆえ、「教」は一字で、「教えること・授けること」と「倣うこと・学ぶこと」を同時に意味しているのである[2]。

「育」という字は、云（トツ）と月（ニクヅキ）との会意文字である。云は、子を逆にした形で、赤子が頭を下にした正常な姿で安らかに生まれるさまを示す。月は、獣の切り裂いた肉の形である。したがって、「育」は、生まれた子が肥立ちよく、肉がついて太ることを表している。

自動詞として用いる場合には、子どもが生まれて大きくなる、成育して背が高く伸びることを意味し、他動詞の場合は、子どもを生み大きくする、子どもを養い、善をなさしめるという意味で使われる[3]。

以上の考察から、「教育」という漢字は、生まれた子どもを育て、その子どもが学ぶべきことを教えることを意味していることが明らかになる。しかも、子どもを生んで育てるのは親であるから、教育とは、何よりもまず親と子の間で、親が子に対して働きかける行為であったと言え

よう。

ところで,「教」と「育」を合わせた「教育」という熟語が中国の文献に最初に現れたのが,中国最古の字典『説文解字』に収載されている「虞書曰　教育子」であると言われる[4]。

この用例は,誰が教育の主体であるかはっきりしないが,おそらく親またはその代理人が子どもを教育していることを推測させるものである。

しかし,『孟子』尽心章句の有名な一節「孟子曰　君子有三楽（中略）得天下英才而教育之　三楽也」（君子には三つの楽しみがあるが,…天下の英才を集めて教育すること,これが第三の楽しみである）となると,それは親子関係以外で結ばれる教育関係が中心になっており,「育」の語源的な意味合いが背景に退いている。

(2)邦語における「をしふ」「そだつ」の語義

「教育」という漢語が邦語のなかで一般に用いられるようになったのは,江戸時代の後半,1700年代後半以降のことと言われているが,それ以前に,「教育」に相当する「大和言葉」がなかったわけではない。

ここでは,そのような言葉として,「をしふ」と「そだつ」に注目して,調べてみることにしよう。

「をしふ」（口語では「おしえる」）の語源について,日本国語大辞典は,5種類の説を挙げているが,教育に直接関連のあるものだけを引けば,

①「愛惜する情から起こるものであるところから,ヲシム（愛）と通じる。」
②「人の悪いところをおさえ,よい事をしらせる意から,ヲシへはオサへの転。」
③「親が子に食物の取り方を教える自然の習性が教訓の意に転じた

ところから，ヲシアヘ（食饗）の約。」
となる。

　従来，①のみが紹介されることが多かったが，教育について考察する場合，②や③の語源を併せ考えることも意義深いことである。それというのも，「おしふ」の語源には，教えることが人間の「愛惜する情」を基盤とすると同時に，親や大人が愛情をもって子どもに生命を守る手段から様々な知識・技能，人間としてふさわしい行動・態度・生き方に至るまで，しかも，「要点をおさえて」教授・指導・訓戒するという意味も含まれていることを示しているからである。

　なお，今日，「おしえる」という語は，
　　①「行動や身の処し方などについて注意を与え導く。いましめる。さとす。」
　　②「知っている事や自分の気持，要求などを他の人に告げ知らせる。」
　　③「知識，技芸などを身につけるようにさせる。教授する。」
という意味合いで使われている。ただし，「おしえる」には，さらに
　　④「おだてたりして，悪い事をするようにしむける。」
という意味も含まれているから，用心するに越したことはない[5]。

　次に，「そだつ」の語源について見れば，自動詞の「そだつ」は「スダツ（巣立・巣起）＝鳥の雛が成長して巣だつ」に由来し，今は転じて広く，
　　①「生物が生まれてから一人前になるまでの過程を進む。生きものが，時間とともに成長する。おいたつ。大きくなる。」
　　②「能力などがのびる。内容などが豊かになる。」
ことを意味している。

　他動詞の「そだつ」（口語では「そだてる」）は，「ソタツ（添立・傍

立)」または「ソヒタツ（添立・副立）＝面倒をみるために付き添う。後見するの意」から来ているとされ，

 ①「生物が一人前になるまでの過程をうまく進むように助け導く。生きものが，おいたつようにする。成長させる。養育する。転じて，物事を発展させる。進捗させる。」
 ②「能力などをのばすように教え導く。しこむ。しつける。」
 ③「重んじる。大事なものとして引き立てる。」

という意味をもっている。今日，とかく「教える」ことと「育てる」ことを分けて説明しようとする傾向が見られるが，「育てる」という語が①と②，両方の意味を併せもっていることを見落としてはならない。人間においては，「教える」ことと「育てる」ことは，不可分に結びついているのである。もっとも，「そだてる」にも，

 ④「相手に調子を合わせててなずける。おだてる。そそのかす。のせる。」

というあまり芳しくない意味があることを付け加えておこう[6]。

(3) 英語における"education"の語義

「教育」に相当する西洋の言葉としては，英語の"education"，フランス語の"l'éducation"，ドイツ語の"Erziehung"などがよく知られているが，ここでは，英語の"education"の語義の変遷を手がかりに考えてみよう。

OED（オックスフォード大英語辞典）の"education"の項を引いてみると，この語の最も古い用法として，

 ①「子ども，青年あるいは動物を養い育てる過程（The process of nourishing or rearing a child or young person, an animal）」

が挙げられている。これに続いて，16世紀になると，

 ②それぞれの社会的身分に応じて，マナーや習慣などを若者に「し

つける過程（The process of 'bringing up'）」
という意味が現れてくる。さらに，17世紀に入ると，
　　③職業の準備のために若者に与えられる「組織的な教授，学校教
　　　育，訓練（The systematic instruction, schooling or training）」
という意味が定着する。
　そして最後に，19世紀の半ば以降，教育という語は，③の意味を含みながらも，それがとかく「単なる知識・技能の伝達（The imparting of mere knowledge or skill）」に終わるのとは対照的に，
　　④知的，道徳的，身体的「諸力の開発ないし発展，性格の形成（Culture or development of powers, formation of character）」
という意味をもつようになるのである[7]。
　OEDに示されている"education"という語の意味の変化は，それが時代や社会の進歩に応じて新たな意味内容や目標を獲得し，語源的意味を踏まえつつも，次第にそれから拡大・深化する過程をたどってきたことを明らかにしている。
　"education"という語，否，一般的に言って，「教育」という現象そのものが，このような四つの意味が層を成し，互いに連関している構造を有していることを忘れてはならないであろう。

2．「学習」の語義

　「学習」という概念も，教育学の中心概念の一つであり，しばしば「教育」と同義の概念として使われることもある。
　そこで，「教育」について行ったのと同じように，「学習」についても言語分析を簡単に行ってみよう。
(1)漢字における「学習」の語義
　「学習」という漢語は，「学（學）」と「習」から成っている。

　まず「学(學)」という字は、臼(キク；両手の向き合うさま)と冖(やね；物事を伝授され、それを見習う場所)と子と爻(コウ；交差するさま)の会意兼形声文字で、先生が知恵を授け、弟子がそれを受け取って習うところに、伝授の交流が行われることを表している。

　「習」という字は、羽と白(自の変形、自は鼻の本字)の会意文字で、雛が親鳥に倣い何度も羽を動かし、飛び方を習い学ぶことを示している。そして広くは、何度も重ねて身につける、何度も繰り返してなれ親しむ、復習することを意味している[8]。

　「学習」という熟語については、『論語』の冒頭に出てくる「學而時習之、不亦説乎」(学んでは適当な時期におさらいする、いかにも心嬉しいことだね[そのたびに理解が深まって向上していくのだから])があまりにも有名である。

(2)邦語における「まなぶ」「ならう」の語義

　まず、「まなぶ」の語源について、調べてみよう。日本国語大辞典には、その代表的なものとして、
　　①「マネブの転。マ(真)から出たマネブ(擬)の転。」
　　②「マはマコト(誠)、ナブはナラフの義。」
が挙げられている。

　「まなぶ」というのは、真(真理)と誠(誠実)という二つのマ(コト)を、正しい手本をモデルにして、真似、習うことを意味していたのである。

　「まなぶ」の語義としては、
　　①「ならって行う。まねてする。」
　　②「教えを受ける。習う。」

③「学問をする。物事の理を修めきわめる。」
などがある[9]。
　「ならう」の語源には，
　　①「ナレアフ（馴合）の義。ナライはナレアヒ（馴合）の約。ナラ
　　　シフ（馴歴）の義」
　　②「ナラブ（並）の義。ナラヒウル（並得）の義。」
がある。
　自動詞の「ならう」の語義としては，次のようなものが挙げられる。
　　①「いままでにしばしば体験して常のこととなっている意を表す。
　　　また，動詞の連用形に付して，…するのを常とする，…しなれて
　　　いる，の意を添える。ⅰなじみとなる。熟達している。なれる。
　　　なれている。ⅱ習慣となる。癖になっている。」
　　②「なれ親しむ。親しくなる。」
　　③「すでにある事，類似のことなどにまねる。追従する。模倣す
　　　る。従う。準ずる。」
　また，他動詞としての「ならう」の語義には，
　　①「体験する。体得する。」
　　②「学習する。習得する。まなぶ。」
　　③「稽古する。訓練する。」
などがある[10]。

(3)英語における"learning"の語義

　英語における"learning"の語義で興味をそそるのは，"learning"には，「知識を獲得する（To acquire knowledge）」という意味とともに，「知識を知らせる，伝える（To impart knowledge），（人に）教える（To teach [a person]）」という意味があることである[11]。
　その点は，フランス語の"apprendre"も同様で，「学ぶ，習う」と

いう意味とともに,「知らせる,教える」という意味をもっている。

「教」という字が,「教えること・授けること」と「倣うこと・学ぶこと」を同時に意味していることは上述したが,英語の"learning"とフランス語の"apprendre"が同じように,一字で二つの意味を兼ね備えていることは,今日,教えることと学ぶことを対立的にとらえる風潮があるとき,銘記すべきことである。

3. 教育と学習との関係

これまでの「教育」と「学習」という言葉の分析を通して,両者の不可分性が明らかとなったが,ここでは,両者の営みの本質から,人間が人間らしく生きるために,両者が不可分に結びつく必要があることを示すことにしよう。

ところで,学習は,一般に,「経験を通じて,行動や技能,能力,態度,性格,興味,知識,理解などに,比較的永続的な変化が生じる過程」と定義される[12]。

学習とは,身体の成長のような生物学的な「成熟」過程または疲労や薬物の使用,病気・怪我などによる「一時的な」心的変化とは異なり,「経験」による「比較的永続的な変化」,つまり人間が一定の環境からの刺激・影響を受けて,何度も繰り返し模倣,習熟し,自らの行動とその基礎になっている性格傾向を新たに獲得したり,洗練・強化したり,除去したりすることを意味している。

人間は生きている限り,自らがその成員である社会の価値や規範,役割などを意識的ないし無意識的に習得する「社会化」の過程にいるのと同様,絶えざる学習過程にあると言える。人間は自分でも気づかないうちに,また何の緊張も感じないで学んでいるのである。もちろん,人間には,ある目標をもって自主的に,しかも労苦をいとわず学ぶというと

ころがある。従前から「自己教育力」や「自ら学び，自ら考える力」を育てるとよく言われているが，それは，このような学習の理想形態を指しているのである。しかし，その際留意しなければならないことは，ある人間が他の人間の学習を直接引き起こすことはできないということである。その意味で，学習を，誰か他の人間によって「条件づけられ，プログラム化され，操作されうるような単なる反射作用」とみなす見解は排除されなければならない[13]。

　「教え―教えられる」関係ではなく，「教え―学ぶ」という関係が成立することが大切である。とはいえ，「教え―学ぶ」関係は，そう簡単に成立するものではない。学習を達成できるのは，あくまでも学習者自身であり，それゆえに，学習者のイニシアティヴ，学習への「心構え」が重要なのである。

　しかし，第三者が学習者の自由で，自主的な学習を支援することはできるし，また，そのことが必要な場合も少なくない。すなわち，特に学習者が年少である場合，必ずしも意識的，合目的的に，また価値ありとみなされる内容だけを学習するとは限らない。彼・彼女らは，大人や教師が教えないことも学んでいるし，「善」も学べば，「悪」も学ぶのである。また，「自学自習」で解決できない学習上の困難や障害も数多くある。したがって，他の人間が，学習者が「生産的で，価値ある」知識・技能・態度・志操・信念などを学習しようと思うように動機づけ，また，そのようなものを学習する機会を準備して，学習者の学習意欲を喚起し，その学習過程を適時に，的確に助成することが必要不可欠である。私は，このような学習が成立するように支援する「学習への援助」を「教育」と呼び，学習者の自主的学習を認めないで，特定の価値観を押しつけ，体制への同化を強制する「インドクトリネーション（indoctrination）」と区別する。

もちろん,「教育」という概念には,「学習」に対応するだけでなく,人間存在の基本構造や発達過程との様々な関連を含みつつ,一つの全体を成す概念が必要である。私は,そのような「教育」の概念として,次のような定義を考えている。
　すなわち,「教育」とは,学習者の成長・発達と学習を適切かつ十分に援助することによって,学習者に社会の一員として必要な社会的,文化的能力を習得させるとともに,学習者をして真の自己に目覚めさせ,人間らしく生き抜くために生涯にわたって努力し続けるようにさせる社会的行為である[14],と。

《註》
1)藤堂明保編（1978）『学研漢和大字典』,学習研究社
2)森昭（1968）『現代教育学原論』,国土社
3)藤堂明保編（1978）,同上書
4)藤田英典・田中孝彦・寺崎弘昭（1997）『教育学入門』,岩波書店
5)日本大辞典刊行会編（2001）『日本国語大辞典』第2版2,小学館
6)日本大辞典刊行会編（2001）『日本国語大辞典』第2版8,小学館
7)The Oxford English Dictionary, Second Edition (1989), Vol.5.
8)藤堂明保編（1978）,同上書
9)日本大辞典刊行会編（2001）『日本国語大辞典』第2版12,小学館
10)日本大辞典刊行会編（2001）『日本国語大辞典』第2版10,小学館
11)The Oxford English Dictionary, Second Edition (1989), Vol.8.
12)大村彰道（2002）「学習」新版『現代学校教育大事典』1,ぎょうせい
13)ランゲフェルド,岡田渥美・和田修二監訳（1974）『教育と人間の省察』,玉川大学出版部
14)山﨑高哉編著（2004）『教育学への誘い』,ナカニシヤ出版

●参考文献
①天野郁夫編『教育への問い―現代教育学入門―』東京大学出版会，1997年
②佐伯胖『「学ぶ」ということの意味』（シリーズ子どもと教育）岩波書店，1995年
③藤田英典・田中孝彦・寺崎弘昭『教育学入門』（シリーズ子どもと教育）岩波書店，1997年
④デューイ，松野安男訳『民主主義と教育』（上・下）岩波書店，1975年
⑤ランゲフェルド，岡田渥美・和田修二監訳『教育と人間の省察』玉川大学出版部，1974年
⑥山﨑高哉編著『教育学への誘い』ナカニシヤ出版，2004年

●学習課題
(1)「教育」や「学習」という言葉が使われている文章を，新聞・雑誌・書物その他から抜き出し，それがどんな文脈で，どのような意味で使われているかを考えてみよう。
(2)あなたなら，「教育」や「学習」を，どのように定義するか。
(3)あなたは，「教育」と「学習」との関係をどのように考えるか。800字で書きなさい。

2. 発達と教育

山﨑　高哉

《ポイント》　今日,「発達」という概念に,様々な批判が出されている。そのような批判に真摯に対応するためにも,「発達」という言葉と類似の言葉の異同について検討を加えたうえで,「発達」という概念を,定義するとともに,人間の生涯にわたる発達と教育の関係のあり方を探る。
《キー・ワード》　1.発達　2.development　3.発育　4.成長　5.発生
6.進化　7.進歩　8.発展　9.発達の最近接領域

1．「発達」の語義

　「発達」という概念は,「教育」と同じ位多義的な概念である。しかし,今日,「発達」という概念には,「進歩」や「成長」という完全な状態に向かう上昇的過程を暗黙裡に前提しており,発達が遅れたり,「衰退」や「退化」したりする反対の変化を予想しないプラスの価値観を含んでいるのではないかとか,「発達」と言えば,専ら子どもから大人になるまでの心身の変化の過程だけを問題とし,中高年者を視野に入れていないのではないかとかいう批判が出されている。
　このような批判に真摯に耳を傾け,どのように「発達」の概念を見直し,発達と教育の関係をとらえたらよいのか,検討することにしよう。

(1)漢字における「発達」の語義

　「発達」という漢語は,「発(發)」と「達」から成っている。各種の漢和辞典に当たって,その語義を調べてみよう。
　発(發)という字は,弓と癶(ハツ)の会意兼形声文字であり,弓を

はじいて発射すること，ぱっと離れてひらく意であるとされる。また，発（發）には発動の意もあり，それは，内発的な力の必然的な結果として新しいものが顕れるという意味に用いられる。

「発（發）」の主な意味には，
① 「はなつ。矢を放つ。銃砲を撃つ。」
② 「ゆく。出立する。」
③ 「放出する。はじまる。身を立てる。」
④ 「ひらく。開拓する。ⅰあける。ⅱ花が開く。ⅲ明らかにする。啓発する。」
⑤ 「あらわれる。明らかになる。」
⑥ 「あばく。ⅰ隠れているものを外に出す。ⅱほりだす。」

などがある。

「達」という字は，辶（進む）と羊と大から成る会意兼形声文字であり，羊のお産のように，すらすらととおすことを表している。達の意味としては，
① 「とおる・とおす。さしさわりなく進む。すらすらととおす。」
② 「とどく。ⅰいたる。つく。たっする。ⅱ通暁する。事柄や道理に精通している。ⅲ気宇が大きい。人間の幅が広い。」
③ 「物品などを届ける。また，心情や伝言などを伝える。」
④ 「すらすらと出世する。運よく出世をとげた。」
⑤ 「すすめる。推挙する。」

などがある[1]。

「発達」という熟語は，8世紀の中国の詩書に初めて現れたという。その意味は，
① 「発育して完全な形態に達すること。また，それに近づくこと。

身体や精神などが成長すること。」
　②「進歩して完全な段階に達すること。また，その段階に近づくこと。進歩発展すること。」
などである[2]。

　これらの意味から判断して，「発達」という概念が「発と達の対照性を利用する造語法によって作られ」，それゆえ，「どこから出発しどこかに到達するという即物的な意味以上のものは含んでいない」と言われる[3]が，完全な形態や段階をめざし，「常に右肩上がりの，より望ましい方向への変化という意味合いで受け止められてきた」のも，理由のないことではない[4]。

(2)英語における"development"の語義

　「発達」に相当する西洋の言葉として，英語の"development"，フランス語の"développement"，ドイツ語の"Entwicklung"などがよく知られているが，ここでも，英語の"development"の語義の変遷を手がかりに考えてみよう。

　OEDの"development"の項を引いてみると，この語の最も古い意味として，
　①「徐々に開くこと (graduell unfoldung)。完全に見えるようにすること。計画，案，小説の筋のようなものが完全に顕わになること。」
が示されている。続いて，
　②「潜在的なまたは初歩の状態から進化すること (evolution)」
　③「(器官や有機体, 動植物の) 成長，発育 (growth) 及び未発達の状態から発展すること。(何かある) 潜在的な能力の発揮。(何かある原則または活動の) より完全な展開 (the fuller expansion)。」

④「徐々に段階を経て進歩すること。内部からの成長。」
⑤「発達またはよく成長した状態。」
⑥「発達した結果または所産。」
等がある。

そのほか，専門用語として，数学や音楽において「展開」，写真では「現像」，生物学では「発生，進化」などの意味で使われている[5]。

OEDに示されている"development"という語の意味の変化は，巻物や包んであるものを「徐々に開く」という語源的意味から，「潜在的なまたは初歩の状態から進化」「発展」して，「より完全な展開」「結果」に至る「過程」という意味が強調されるようになったことを明らかにしている。

しかし，このような意味と発想自体が，発達とは，「元来，個体発生の過程が，遺伝その他のあらかじめ生体に仕掛けられたなんらかの機制によって定まっているという観念（先決説または予定説）の表現である」とみなされていることも付け加えておこう[6]。

2．発達の定義と類似の概念

「発達」という言葉は，以上見てきたように，多様な意味をもっており，「発育」，「成長」，「発生」，「進化」，「進歩」，「発展」など，数多くの類似の言葉とも密接に関連している。「発達」とは何かを定義するために，これらの言葉との異同も明らかにしておこう。

まず，「発育」であるが，それは「発生し成育すること。育って大きくなること。成長。また，やしない育てること。育成。」という意味をもっている。この意味のなかには，上に挙げた「発生」や「成長」の意味も含まれている。

「発生」とは，

①「はえ出ること。うまれ出ること。また，物事の起こること。生じること。」
②「生物学でいう語。ⅰある基準の細胞状態から，さらに複雑高次な細胞状態に不可逆的に変化すること。ⅱ個体における形態形成の初期過程。受精卵が卵割を経て各器官の形態形成をする過程。」

である[7]。

「成長」とは，
①「人・動植物などが育って成熟すること。育って大きくなること。心身ともにおとなになること。」
②「規模が大きくなること。また，内容が成熟すること。」

という意味である[8]。

このように見てみると，「発育」は，「発生」や「成長」とともに，「うまれ出る」とか，「育って大きくなる」とか，「規模が大きくなる」とか，身体的，生理的な面での量的変化や増加という意味が主であり，「系統発生」と「個体発生」という二つの異なった発生のなかでも，個体発生つまり個人の発達が前面に出ていることが分かる。

もちろん，発育や発生，成長といった言葉にも，「育成」（=「育てあげること。」）とか，「心身ともにおとなになる」とか，「内容が成熟する」という意味が含まれ[9]，発育や発生，成長における生物学的要因を軽視するわけにはいかないにせよ，それらを単に「自動的に進行する生物学的，力学的な機制（mechanism）」とみなしてはならない[10]。なぜなら，人間の子どもは，共同生活のなかで「心身ともにおとなになる」よう，立派に「育てあげる」べき存在であるからである。

次に，「進化」の意味を調べてみよう。それには，
①「生物の種が別の種に変わること。一般に，体制の複雑化，適応

　　　　の高度化ならびに種類の増加を伴う。」
　　　②「事物が，段階を追って，よりよい，あるいはより高度な形態へ
　　　　と変化していくこと。」
という意味がある。

　"development"という語が，生物学や発生学に由来し，"evolution"（進化）と同じ意味をもつこともあり，発達が，人間の器官や機能が「段階を追って，よりよい，あるいはより高度な形態へと変化していく」過程と考えられる傾向が強かった。また，「進化」という語は，ダーウィンの進化論が日本に紹介されたときにつくられたと言われ，彼の進化論は，人間の発達を考える際にも大きな影響を及ぼした。

　特に，彼の生物進化論を社会に適用して，社会も生物と同様に進歩していくととらえる「社会ダーウィン主義」は，子どもの発達についても，「進歩」に「物事が，次第によい方へ，望ましい方へ進んで行くこと。だんだん発展すること。前進。」といった意味があるように[11]，時の経過とともに，未熟で不完全な段階からより成熟し完全な段階へと進歩・向上していくという，単純で楽観的な進歩主義的発達観を生み出した。しかし，個体発生としての個人の発達を，単純に系統発生としての人類の進化や歴史的文化の発展と同一視する見方には，警戒が必要である。

　最後に，「発展」についてであるが，それには，
　　　①「物事が進み，ひろがっていくこと。より低い状態から，より高
　　　　く，より完全に，より分化し，より豊かに，より複雑になってい
　　　　くこと。勢いや力などが伸びてひろがること。盛んになること。」
　　　②「異性関係や酒などに耽って遊び歩くこと。」
という意味がある[12]。

②の意味は，論外として，「より低い状態から，より高く，より完全に，より分化し，より豊かに，より複雑になっていく」という意味をもつ「発展」が，「発達」と同義とみなされたことは言うまでもない。しかし，両者を区別して，「発達」が自然的，有機的な過程について用いられるのに対して，「発展」が精神的，歴史的な過程について用いられる傾向が強いとも言われている[13]。とはいえ，「発達」と「発展」を，それほど厳密に区別する必要があるのであろうか。

　以上，「発達」と類似の言葉との異同について検討した。それでは，「発達」という概念の定義に移ろう。これまで，人により相異なる多種多様な定義がなされているが，私は，従来の定義に対する批判を踏まえて，人間の生涯にわたる発達を視野に入れて定義した，東洋の次の定義を選ぶことにしたい[14]。

　「人の，個体としての生命活動は，受胎の瞬間からはじまり，死に至るまでつづく。この時間的経過のなかで，生理的，身体的，精神的に，さまざまな変化が生ずる。その変化のうち，偶発的なものや一時的な状態の変化と考えられるものでなく，方向性を持って進行し，ある程度持続的，構造的とみなし得るものを，発達という。」

　そして，私は「発達」を，以下の五つの位相を，重層的に併せもつものととらえている[15]。

　　①一個の「有機体」としての人間の器官や機能が形態的，量的，質的に変化する過程。
　　②人間が有機的成長・成熟と学習によって環境によりよく適応し，心的，精神的機能を統合していく過程。
　　③人間が共同生活を営むなかで社会の一員として必要な社会的，文化的能力を身につけていく過程。
　　④人間が他者との絶えざる相互作用のなかで自律した人間としての

十分な能力を身につけ，道徳的に高まっていく過程。
⑤人間が「成人性」をめざして自己を形成し，自己を実現していく過程。

3．発達と教育との関係

　最後に，発達と教育とは，どのような関係にあるのであろうか。かつて，勝田守一は，両者の関係を，次の三つの類型に区別した[16]。
　①子どもは，教育とは無関係に，その内的要因の展開にもとづいて，心理学的な発達の過程をたどるとする考え方。それゆえ，発達は，教育に先行すると見る。
　②発達と教育を，完全に同一視する考え方。
　③発達は，内的要因の成熟に依存しながら，しかし，それを「先廻り」する教育的働きかけによって促進されるという考え方。

　第一の考え方は，アメリカの心理学者ゲゼルなどに代表される「成熟説」の発達心理学の影響を強く受けたものであるが，しかし，ルソーやフレーベルのようなロマン主義的，児童中心主義的教育学に通底する考え方でもあった。これは，従来の教育が子どもの発達や興味・関心を考慮せず，外から無理矢理教え込もうとしたのを批判して，子どもの内的成熟，とりわけ神経の成熟を重視し，子どもに「レディネス（readiness）」ができるのを「待って」，教育的な働きかけをしようとするものである。そこでは，漢語の「発（發）」や英語の"development"が「内に包み隠されていたものが徐々に外に現れる」という意味をもつように，発達は内的要因の自発的展開にほかならず，教育に依存することのない全く独立した過程とみなされている。教育は，ただひたすら「発達の後を追う」ことができるだけである。

　第二の考え方は，アメリカの哲学者にして教育学者デューイによって

代表される。彼は,「教育は成長することと全く一体のものであり,それはそれ自体を越えるいかなる目的ももたない」と言い,また「教育は発達である」とも言う。

そして彼は,第一の考え方は,たしかに子どもの生まれつきの能力の重要性や「教育は内部からの発現」,成長・発達であるという観念を世に広く認識させるうえで大きな貢献をしたが,しかし,それは成長・発達をそれ自体が目的ではなく,生得的に与えられている潜在的な能力をある一定の目標に向かって顕現させる手段と考え,発達が「連続的な成長の過程」であることを理解していないと批判する。彼にとっては,「成長しつつあることが成長であり,発達しつつあることが発達」であり,子どもが「環境への働きかけを通して,自己を更新していく」絶えざる成長・発達の過程が教育の過程にほかならなかった。したがって,教育の成否も,このような子どもの「連続的成長」(＝より以上の成長 more growth)への欲求や能力をどの程度増進させうるかにかかっていたのである[17]。彼のこうした考え方は,発達即教育ないし発達即応の教育という立場の典型であると言えよう。

なお,人間は教育されただけ発達し,それゆえ,教育と発達は,同時並行的な過程であると考えるアメリカの心理学者ソーンダイクやスキナーなどの行動主義的な立場もある。

第三の考え方は,ロシアの心理学者ヴィゴツキーに始まり,アメリカの心理学者ブルーナーやハント等によって提唱されているものである。例えば,ヴィゴツキーによれば,子どもの発達は二つの水準でとらえられる。すなわち,子どもが現在すでに到達している「発達の現在の水準」と,まだ,現実には達成されていないものの,大人の指導・援助のもとで可能になるより高度な問題解決の水準,つまり「発達の第二の水準」とである。

この後者の水準と前者の水準との間が,「発達の最近接領域」または「発達が潜在的に可能な領域」と呼ばれる。そして,この領域への注目が教育に重大な発想の転換を迫り,教育が単に発達に追随したり,即応したりするだけにとどまるのではなく,教師や仲間による適切な助成や環境の整備によって,発達を促進し,充実させることが可能であるという考え方を導いたのである。

　もちろん,そのような教育的働きかけは,子どものもつ「発達の最近接領域」内でのみ効力を発揮するのであり,その見極め (assessment) が教育諸科学の大きな課題になることは言うまでもない。しかし,この第三の考え方は,前二者の考え方に含まれる,「発達の最近接領域」を無視ないし軽視して,子どもの発達を低い水準のままにとどめておくことになる欠陥を補うことができる。「教育は,それが発達の前を進むときにのみよい教育である。そのとき教育は…発達の最近接領域によこたわる一連の機能をよび起こし,活動させる」のである[18]。

　このように見てくると,発達と教育との関係が次第により積極的にとらえられるようになってきたことが理解されよう。

　ランゲフェルドが言うように,「教育が発達を可能にし,発達することによってさらに教育が可能になってゆく」というダイナミックな関連が把握されたのである[19]。子どもは,発達の過程で自ら様々なものを選択し,様々なものに働きかけ,経験し学習しながら,独立した人格としての「おとな」になっていくのであるが,その際に,「おとな」の側からの「適切かつ十分な」援助—決して放任,過保護,過干渉であってはならない—が不可欠なのであり,また,そのような援助が逆に「おとな」の側をも発達させるのである。教育とは,学習者（子どもに限らない）の生涯にわたる発達のあらゆる位相—すでに見た五つの位相—を見通し,その個性や能力,適性等に十分配慮しながら,新たな自己と世界

を発見させ，人間らしく生きるために必要な援助を行うことを言うのである。

《註》
1) 例えば，諸橋轍次（1955-1960）『大漢和辞典』縮写版，大修館書店，藤堂明保編（1978）『学研漢和大字典』，学習研究社，尾崎雄二郎ほか編（1992）『角川大字源』，角川書店など参照。
2) 日本大辞典刊行会編（2001）『日本国語大辞典』第2版10，小学館
3) 東洋・繁多進・田島信元（1992）『発達心理学ハンドブック』，福村出版
4) 鯨岡峻（2002）『〈育てられる者〉から〈育てる者〉へ　関係発達の視点から』，日本放送出版協会
5) The Oxford English Dictionary, Second Edition（1989）, Vol.4.
6) 藤永保（1987）「発達」『日本大百科全書』18，小学館
7) 日本大辞典刊行会編（2001）『日本国語大辞典』第2版10，小学館
8) 日本大辞典刊行会編（2001）『日本国語大辞典』第2版7，小学館
9) 日本大辞典刊行会編（2001）『日本国語大辞典』第2版1，小学館
10) ランゲフェルド，岡田渥美・和田修二監訳（1976）『続　教育と人間の省察』，玉川大学出版部
11) 日本大辞典刊行会編（2001）『日本国語大辞典』第2版7，小学館
12) 日本大辞典刊行会編（2001）『日本国語大辞典』第2版10，小学館
13) 森昭（1978）『教育人間学』上（森昭著作集4），黎明書房
14) 東洋・繁多進・田島信元（1992），同上書
15) 山﨑高哉編著（2004）『教育学への誘い』，ナカニシヤ出版
16) 勝田守一（1964）『能力と発達と学習―教育学入門―』，国土社
17) デューイ，松野安男訳（1975）『民主主義と教育』上，岩波書店
18) ヴィゴツキー，柴田義松訳（1962）『思考と言語』上，明治図書出版
19) ランゲフェルド，岡田渥美・和田修二監訳（1974）『教育と人間の省察』，玉川大学出版部

●参考文献
①東洋・繁多進・田島信元『発達心理学ハンドブック』福村出版，1992年
②鯨岡峻『〈育てられる者〉から〈育てる者〉へ　関係発達の視点から』日本放送出版協会，2002年
③デューイ，松野安男訳『民主主義と教育』（上・下）岩波書店，1975年
④永野重史『発達とはなにか』（シリーズ子どもと教育）東京大学出版会，2001年
⑤堀尾輝久『人間形成と教育―発達教育学への道―』岩波書店，1991年
⑥森昭『現代教育学原論』国土社，1968年
⑦守屋國光『生涯発達論　人間発達の理論と概念』風間書房，2005年
⑧ランゲフェルド，岡田渥美・和田修二監訳『教育と人間の省察』玉川大学出版部，1974年
⑨山﨑高哉編著『教育学への誘い』ナカニシヤ出版，2004年

●学習課題
(1)あなたなら，「発達」をどのように定義するか。
(2)「発達」と類似の概念が使われている文章を，新聞・雑誌・書物その他から抜き出し，それがどんな文脈で，どのような意味で使われているかを考えてみよう。
(3)あなたは，「発達」と「教育」との関係をどのように考えるか。800字でまとめなさい。

3. 子ども観と教育観(1)

山﨑　高哉

《ポイント》 今日,「子どもは変わった」と嘆き,どう子どもとかかわったらよいのか,分からないという声が大きくなりつつある。どのような「子ども―大人」関係を築いていけばよいかのかを考えるために,ここでは,西洋の代表的な子ども観と教育観の変遷をたどりながら,その基本的なとらえ方を明らかにする。
《キー・ワード》 1.性悪説　2.性善説　3.原罪的子ども観　4.完全な子ども　5.子ども期　6.消極教育　7.子ども神性論　8.タクト

1. 聖書における子ども観・教育観

　西洋における子ども観・教育観を知るうえに見落としてはならないものに,聖書の子ども観・教育観がある。聖書には,大きく分けて旧約聖書と新約聖書があり,その成立や子ども観,したがって,また教育観にはかなりの違いがある。

(1)旧約聖書の子ども観と教育観

　旧約聖書の子ども観を表す言葉として最もよく引き合いに出されるのは,「人が心に思い図ることは,幼い時から悪い」(「創世記」第8章21節)である。これは,旧約聖書の子ども観が明らかに性悪説に立っていることを示している。

　したがって,このような子ども観に立つ以上,例えば,「むちを加えない者はその子を憎むのである,子を愛する者は,つとめてこれを懲らしめる」(「箴言」第13章24節)と言われるように,子どもに対して徹底

した「硬教育」,「鞭の教育」が奨励されるのである。

　もちろん，旧約聖書には，鞭による教育ばかりが説かれているのではない。「むちと戒めとは知恵を与える」(「箴言」第29章15節)とされ，鞭とともに「戒め」の教育が重んじられ，子どもは「まだ善悪をわきまえない」(「申命記」第1章39節)がゆえに，神の命じる言葉に耳を傾け，常住座臥，これを守り，実践するよう，教えることが，父や教師に求められた。

　「イスラエルよ聞け。われわれの神，主は唯一の主である。あなたは心をつくし，精神をつくし，力をつくして，あなたの神，主を愛さなければならない。きょう，わたしがあなたに命じるこれらの言葉をあなたの心に留め，努めてこれをあなたの子らに教え，あなたが家に座している時も，道を歩く時も，寝る時も，起きる時も，これについて語らなければならない。」(「申命記」第6章4～7節)と記されているように，戒めを文字通り「神の命令」として遵奉する，家庭，否，社会全体における厳しい宗教教育が，イスラエルの伝統として実施されたのである。

　今一つ，旧約聖書では，「訓練」が強調されている。「申命記」第8章5節に「あなたはまた人がその子を訓練するように，あなたの神，主もあなたを訓練されることを心にとめなければならない」とある。親子間の訓練は，神と人間間の訓練にたとえられ，親は自らの神に対する応答を迫られつつ，子どもに対する徹底した生活及び職業訓練に励んだのである。

(2) 新約聖書の子ども観・教育観

　新約聖書は，旧約聖書を基に成立しているが，しかし，旧約にはない「世界宗教」としての性格を備えている。子ども観にも，少なからずそのことが反映している。

　イエスは，旧約における「戒め」を尊重する。イエスは，上述の「心

をつくし，精神をつくし，力をつくして，あなたの神，主を愛さなければならない」の部分を「心をつくし，精神をつくし，思いをつくして，主なるあなたの神を愛せよ」と言い換えて，「いちばん大切な，第一のいましめ」と言い，「第二のいましめ」として，「自分を愛するようにあなたの隣り人を愛せよ」（「マタイによる福音書」第22章37～39節）を挙げている。

　しかし，イエスの子ども観には，旧約のそれを引き継ぎながら，新たな息吹が感じられる。そのいくつかを挙げておこう。

　「マタイによる福音書」第3章17節に，ヨハネより洗礼を受けたイエスに天から声があり，「これはわたしの愛する子，わたしの心にかなう者である」と宣言されたとある。

　イエスは，その後，神を「天の父」と呼ぶとともに，「天にいますあなた（がた）の父」と呼ぶようになる。

　こうして，神とイエスの関係は，旧約の神とは異なり，人間の父子の人格的関係にたとえられ，説かれるに至る。したがって，イエスが神を「父」と呼ぶように，イエスを「天の父」なる神の一人子と信じる人びとが神を「父」と仰ぐならば，それによってユダヤ人だけではなく，世界中のすべての民族の宗教となりうる道が開かれたのである。イエスにとって，子どもだけでなく，弟子や大人たちも「子よ」，「子たちよ」，「娘よ」と，父子関係にある者として呼びかけられる存在にほかならない。

　同じ「マタイによる福音書」第18章1～5節に，「そのとき，弟子たちがイエスのもとにきて言った，『いったい，天国ではだれがいちばん偉いのですか』。すると，イエスは幼な子を呼び寄せ，彼らのまん中に立たせて言われた，『よく聞きなさい。心を入れかえて幼な子のようにならなければ，天国に入ることはできないであろう。この幼な子のよう

に，自分を低くする者が，天国でいちばん偉いのである。また，だれでも，このようなひとりの幼な子を，私の名のゆえに受けいれる者は，私を受けいれるのである…』」と記されている。ここでのイエスは，子どもを大人にあるべき信仰の姿を示す存在として見ているのみならず，子どもを自らの傍に呼び寄せたり，「抱き，手をその上において祝福」（「マルコによる福音書」第10章16節）したりしている。「幼な子」はイエスにとって，実際にあるがままの姿で愛すべき存在でもあったのである。

　もっとも，新約聖書では，旧約聖書の「性悪説」的子ども観が払拭されているとは断言できないが，少なくとも，それは「幼な子らをわたしの所に来るままにしておきなさい。止めてはならない。神の国はこのような者の国である」（「マルコによる福音書」第10章14節）というような子どもに対する絶対的な信頼が表明された，歴史上初めての文書であると言えよう。

　イエスが幼な子を愛し，幼な子のようにならなければ神の国に入りえないと説いたことは，多くの人びとに子どもの教育に対する意義と責任を感じさせた。キリスト教の信仰によって信者の生活は厳粛で霊化されたものとなり，家庭教育も，一段と倫理性の高いものとなったのである。

2．中世における子ども観・教育観

　中世における子ども観を特徴づける一つに，「原罪的子ども観」がある。

　原罪とは，人間はすべてアダムとイヴの子孫であり，人間の祖先が神に対して犯した罪のために，その子孫は生まれながらにして罪を逃れられない状態にあることをいう。

この思想は，キリスト教の布教に貢献した使徒の一人パウロに始まり，初期キリスト教会最大の教父アウグスティヌスによって基礎づけられたとされる。

　パウロは，「アダムの違反」のゆえに，罪がこの世に入り，多くの人が「罪の奴隷」になったと見[1]，アウグスティヌスも，『告白』において「詩篇」第51篇の「見よ，わたしは不義のなかに生れました。わたしの母は罪のうちにわたしをみごもりました」を引用し，「わたしはどこに，わたしの神よ，わたしはどこに，主よ，あなたのしもべであるわたしは，どこに，またいつ，罪なくあったであろうか」，「幼年時代も罪をまぬがれない」と書いている。

　では，この原罪から解放されるには，人はどうすればよいのか。それは，まず罪を悔い改め，キリストを信じなければならない。そして入信の儀式としての「洗礼」を受け，罪の許しをえ，無垢なる存在に再生するのである。洗礼は，初め成人に対してだけ行われていたが，6世紀以降，幼児洗礼も行われるようになった。

　ところで，人間には，遺伝的な罪として原罪があるとする考えは，旧約聖書に見るような性悪説的な子ども観を生み，原罪を背負った子どもの欲求をすべて「悪」とみなし，その抑圧を説く禁欲主義的な教育観を伴うことになる。

　アウグスティヌスも，学校で「学習をなまけると，笞で打たれた」[2]と述べているように，体罰中心の冷酷・厳格な教育が主流を占めたし，家庭や地域社会でも厳しいしつけが行われた。また，いまだ自覚的な信仰をもっていない幼児に洗礼が行われた場合，幼児のうちに宿ったキリスト，「完全な子ども」を守り続けることが，教育の最大の課題となり，自分の信仰を自覚化するために，積極的な道徳・宗教教育が用意されることになった。

3．近代における子ども観・教育観
⑴近代的家族意識の形成と「子ども期」の発見

　中世では，子どもへの無関心，無配慮，それに大人と子どもの未分化を特徴としていたが，子どもへの愛情と教育的配慮を表す「子ども期」という概念が，13世紀頃から近代化の過程で現れた。『＜子供＞の誕生』で，アリエスは，こう言っている。「子ども期の発見は疑いなく13世紀に始まる。そして，15世紀と16世紀の芸術と図像記述の歴史に，その進化の里程標をたどることができる。だが，その進化を証言するものが，とくに多数となり重要となるのは，16世紀の末から17世紀にかけてである」と。

　アリエスは，子どもの肖像画に注目し，その変化をこう指摘する。すなわち，まず13世紀頃に「幼な子イエスないし幼少のマリア像」の形で「近代的な感覚」にやや近い子どもが描かれ始め，15，16世紀には，まだ子どもだけの描写ではないが，世俗の子どもが家族のなかの一員か，群衆のなかの一員として描かれる。

　しかし，17世紀に入ると，子どもだけが単独で描かれる肖像画や子どもを中心とした構図で描かれる家族の肖像画が一般的になる。このような子どもの描き方の変化を受けて，アリエスは，「13世紀から17世紀にかけて人口学的な条件がほとんど変化していないにせよ，また子どもの死亡率が非常に高い水準に留まったままであったにせよ，新しい感性は，こうした脆弱で，生命の危険におびやかされている存在に対し，以前は認識されてもいなかったある特異性を認めていくことになる。あたかも社会一般の意識がここに至って初めて子どもの魂もまた不滅のものであることを発見したかのようである。

　子どもの人格に与えられたこの重要性は，たしかに一層深いところで

習俗がキリスト教化されたことと関係している」と結論している。17世紀に至って、子どものかけがえのなさと子どもに固有の性格、つまりその純真さ、優しさ、愛らしさ等が発見され、新たな「子ども期」の意識が出現したのである。

子ども期の発見と関連して、教育観も変化した。中世では、親は子どもをごく早い時期（7歳）から見習奉公に出していたが、今や、子どもを学校に送るようになった。「実地訓練の形式」から「理論的な教育」への転換が始まったのである。しかも、かつては遠方の学校に子どもを送り出すことを厭わなかった親も、「学校を生徒の家族に近づけるために増設しようとして、市の行政者の助力を得るために腐心」した。その理由は、「教育者の側からの道徳的厳格さにたいする新たな要請、すなわち若者を生まれたばかりの無垢のなかにとどめておくために、大人たちの穢れた世界から隔離しようという配慮、あるいはまた大人たちの誘惑にたいし十分抵抗するように若者を仕込もうという考え方と符合するものであった」し、また「自分たちの子どもをもっと身近で監視し、自分たちのもっと近くにとどまらせ、たとえ一時的であろうともはや他人の家族にはまかせない、という親たちの欲求にも一致していた」からである。このように、近代的な家族意識の形成は、子どもの学校への「囲い込み」と教育の道徳的厳格さへの要請を促進したのである[3]。

(2) ルソーの子ども観・教育観

17, 18世紀を通じて、広く子どもへの関心が高まるなかで、原罪的子ども観とそれにもとづく「硬教育」ないし修道院的禁欲主義教育に敢然と立ち向かったのが、ルソーである。彼は、『エミール』の冒頭において「万物をつくる者の手をはなれるとき、すべてはよいものであるが、人間の手にうつると、すべてが悪くなる」という有名な文章を書き、カトリック教会の説く原罪説を否定し、人間の本性は善であることを表明

するとともに，現実の社会に生きる人間は，社会の悪影響を受けて変質することを認めた。

ルソーは，「人は子どもというものを知らない。…このうえなく賢明な人びとさえ，大人が知らなければならないことに熱中して，子どもにはなにが学べるかを考えない。彼らは，子どものうちに大人を求め，大人になるまえに子どもがどういうものであるかを考えない」と言い，子どもがどういうものであるか「十分に観察し」，子ども独自の姿を生き生きと描き出している。『エミール』が「子どもの発見」の書と言われたり，「子どもの福音書」と呼ばれたりするゆえんである。

彼によれば，子どもは，「自然の弟子」として生まれ，生まれながらに「自然の秩序」のなかに位置を占める。子どもは，また「学ぶ能力がある者」として生まれるが，生まれたばかりのときには何一つ知らないし，認識しない，感情ももたない。子どもは，まだ「精神的存在」ではなく，「感覚的存在」「身体的存在」であるにすぎない。さらに，子どもは「孤独」であり，いまだ「社会の能動的な一員」ではない。それゆえ，子どもは時間的，空間的に具体的な世界に住んでいない「抽象的な人間」である。だからと言って，彼はロボットのような存在ではなく，彼には「特有のものの見方，考え方，感じ方がある」。子どもは自然や宇宙と「合一」し，神のごとく自分自身に充足し，完全な幸福に浸っている存在なのである。

むろん，ルソーは，子どもがいつまでもこのような状態にとどまっていることをよしとするわけではない。子どもは，時とともに自然によって，また年齢相応の，子どもの自然な発達段階に即応した教育—消極教育—によって成長・発展し，子ども時代の「成熟」に達するのである[4]。

(3) フレーベルの子ども観・教育観

フレーベルは，人間を，「創世記」第1章27節に言われる「神の像

（かたち）」，神の似姿としてつくられたものと見，人間の，したがって，また子どもの本質は神的なものであるとする「人間神性論」及び「子ども神性論」を主張した。この主張は，伝統的なキリスト教の性悪説に真っ向から対立する。

　彼によれば，「人間の本質はそれ自体において善」であり，「人間は決してそれ自身としても，またそれ自身によっても，悪いものではない」し，同様に，それ自身だけによって悪い，いわんや邪悪であるような人間の性質も存在しない。もし人間がその本質から見て，「善でもなければ悪でも，邪悪でもない」と言われたり，さらに「悪であり，邪悪である」と言われたりすれば，それはすでに「人間性に対する，また人間に対する裏切り」である。人間は，そう言うことで「神の作品を否定」し，「あらゆる悪の唯一の源泉である虚偽を生み出すことになる」からである。

　このように，人間の，したがってまた子どもの本質の根源的善を信じ，根源的悪を否定するフレーベルは，ルソーによって発見された子どもの善なる本性を宗教的，形而上学的に基礎づけ，ついに「神性」にまで高めたのである。

　もっとも，フレーベルは，現実の子どもの世界が悪と無縁であるとみなしていたわけではない。彼は，子どもの生活における悪の多様な現象形態をよく観察し，そこでは「我侭や反抗，安逸や心身の怠惰・怠慢，感覚や口腹の享楽，虚栄やうぬぼれ，独善や支配欲，兄弟喧嘩や親不孝，空虚さや浅薄さ，労働の，いや遊びさえの嫌悪，不従順や不信仰など」が生じる事実を率直に「認めざるを得ない」と言っている。しかし，それにもかかわらず，彼の子どもの根源的善に対する信仰は揺るぎはしない。むしろ，それは，このような子どもの特別の弱さ，脆さ，欠陥に直面して一層強められるのである。

フレーベルは，子どもの本質はそれ自体で善であり，それは「妨害されない状態」に置かれている限り，自己自身から必然的に善に向かって発展すると考えた。もし悪が生じるとすれば，それは善の発展が何らかの仕方で妨害されて阻止されたか，歪められた結果である。したがって，彼にとって教育は，子どもに内在している神的なものの自然な展開をできる限り「妨げない」ようにすることが大切であった。それゆえ，彼は『人間の教育』において次のように言う。「教育，教授および教訓は根源的に，またその第一の根本特徴において，必然的に受動的，追随的（単に防禦的，保護的）であるべきであって，決して命令的，規定的，干渉的であってはならない」5)と。

(4)シュライエルマッハーにおける子ども観・教育観

　以上見てきたことから明らかなように，西洋には，人間，したがって子どもの本性を善と見るか，悪と見るか，性善説と性悪説が対立しながら，共存している。そして，この子ども観の対立が教育観の対立を招いていることは，指摘するまでもない。

　この両者の対立に対して，その「中間項」を探し，両者のより高次の統合を図ろうとしたのが，シュライエルマッハーである。彼は，教育において排斥し合っている二つの理論を，「積極理論」と「消極理論」とに分け，それぞれの理論の善悪との関係に着目して，こう説明する。

　「積極理論」とは，「教育はただ善の自然の発展を助成すべきであるが，しかし，悪に対して抵抗する必要はない」とする見解で，悪は人間の本性のなかに深く根を下ろしている―性悪説―ので，それを直接攻撃しても除去できるものではなく，善を強め，何倍にも増やすことによって間接的に悪を減らし，制限しなければならないと考える。それに対して，「消極理論」とは，「善をそのまま放置しなければならないが，しかし，悪に対しては抵抗しなければならない」とする見解であって，善は

人間に生まれつきのもの—性善説—であり，善を障害から，またそこから生じる悪から救い出さなければならないと考える。

シュライエルマッハーは，両者はともに「一面的な理論」であるとみなし，その一面性を調停し，取り除く努力をする。彼が提唱するのは「組み合わせ理論」である。それは「悪はなるほど生まれつきのものであるが，しかし，抑制作用によって抑えられうるし，善もまたなるほど生まれつきのものであるが，しかし，助成作用を必要とする」という見解である。これは，文字通り，積極理論と消極理論とを組み合わせ，混合したものにほかならない[6]。彼にとって，人間，したがって子どもは善でもなく，悪でもない。善にして悪，悪にして善なのである。教育（者）は，このような善にして悪，悪にして善でありうる子どもを，前もって与えられた一定の理念—例えば，性善説や性悪説—に煩わされることなく，虚心坦懐，あるがままにとらえることが求められるのである。

また，この組み合わせ理論を実践の個々のケースに応用しようとする場合，教育者は，絶えずジレンマに陥り，目の前にいる子どもの感情や性質，その場の全体的な雰囲気等を勘案しなければならないが，しかし，そのような「未決定性」こそ，組み合わせ理論を他の二つの理論より応用の可能性の高い，価値ある理論にする。なぜなら，理論によって実践への応用のための規則が明確かつ詳細に決められ，実践の領域が狭く限定されるのではなく，教育者が不安と緊張を強いられながらも，彼の「タクト」に幅広い可能性が残されているからである。

シュライエルマッハー以後も，一見新しいと思われる子ども観や教育観が現れたが，究極的には，彼の三類型のいずれかに分類できるし，次の日本における子ども観・教育観の項でも触れる機会があるので，西洋におけるそれらの考察は，これで終わることにしたい。

《註》
1）新約聖書「ローマ人への手紙」
2）アウグスティヌス，服部英次郎訳（1976）『告白』上，岩波書店
3）アリエス，杉山光信・杉山恵美子訳（1980）『＜子供＞の誕生―アンシャン・レジーム期の子供と家族生活』，みすず書房
4）ルソー，今野一雄訳（1962）『エミール』上，岩波書店
5）フレーベル，荒井武訳（1964）『人間の教育』上，岩波書店
6）Platz, C. (1849) Schleiermachers Pädagogische Schriften, G. Reimer

●**参考文献**
①アリエス，杉山光信・杉山恵美子訳『＜子供＞の誕生―アンシャン・レジーム期の子供と家族生活』みすず書房，1980年
②岩波講座『子どもの発達と教育2　子ども観と発達思想の展開』岩波書店，1979年
③宮澤康人編『社会史のなかの子ども　アリエス以後の＜家族と学校の近代＞』新曜社，1988年

●**学習課題**
⑴あなたが関心をもった国や思想家の子ども観と教育観を，詳しく調べてみよう。
⑵子ども観と教育観との関係について，あなたの考えをまとめてみよう。
⑶美術全集などで，子どもがどのように描かれているか，時代を追って調べてみよう。

4. 子ども観と教育観(2)

山﨑　高哉

《ポイント》 今日,「子どもは変わった」と嘆き,どう子どもとかかわったらよいのか,分からないという声が大きくなりつつある。どのような「子ども―大人」関係を築いていけばよいのかを考えるために,ここでは,日本の代表的な子ども観と教育観の変遷をたどりながら,その基本的なとらえ方を明らかにする。
《キー・ワード》 1.七つまでは神のうち　2.子宝　3.家の子　4.小さな大人　5.村の子　6.国家の子　7.児童中心主義　8.無垢な子　9.少国民　10.子ども―大人関係

1. 近代以前の子ども観・教育観

近代以前の社会においては,初め,子どもは子ども独自の生活をしていたのでなく,早くから大人の生活のなかに溶け込み,大人と区別なく暮らしていたが,次第に子どもには子どもなりの生活があることが認識され,様々な子ども観が形成されてくる。この事情は,西洋の場合と変わらない。しかし,たしかに,同じ「子ども」でも,支配層の子どもと一般民衆の子ども,あるいは男児と女児の違いにより,その子ども観・教育観が異なるが,ここでは,そのような違いの面にはあまり深く立ち入らないことにして,日本における子ども観・教育観の基底を流れている基本的な特徴をいくつか拾い挙げてみよう。

(1)民間伝承における子ども観・教育観

柳田國男は,『こども風土記』のなかで,「公認せられた子どもの悪戯

というのが，今日はちっともなく，以前は相応にあった」と回想し，その代表例として，左義長を焼く前後の少年のわがもの顔の振る舞いを挙げている。しかし，それでも叱らなかったのは，「正月ばかりは，子どもらが神主さんだから，というような考えがまだ幽かに伝わっている土地が多いためであった」と述べている。また，柳田は，同書の「ゆの木の祝言」の項にも，「神の依りたもう木からわれわれのなかへ尊い言葉を伝えるのが子どもの役であり，それがまた正月の御祝い棒に言葉を神聖にする力が篭るとした古代人の理由かと思う」[1]と記している。

このように，年中行事や祭りにおいて，子どもが「稚児」に選ばれたり，「司祭者」として参加したりして神聖視され，大切に扱われたのは，もともと子どもが「神主」である，神の「よりしろ」「よりまし」であるといった子ども観が背景に潜んでいたのが一因ではなかろうか。

また，「七つまでは神のうち」という諺が，日本全国に流布しているが，これは「一般に七つまでは村の産神様が守ってくれる。だから七つまでの子は，何を言っても何をしても家の者はそれを許すというやり方で育てられていた」ことを表すという。産神によって生まれた子どもが，その加護を信じて7歳まではのびのび育てられ，産神の支配力が弱まる7歳以降，子ども組や学校に入って鍛えられることになったのである[2]。

(2)万葉集に見る子ども観

古代の日本人の子ども観を示すものとしてよく引き合いに出されるのに，『万葉集』巻第5の山上憶良の歌がある。彼の子を思う愛情を歌ったもののうち，代表的な「子等を思ふ歌」を挙げておこう。

「瓜食めば　子ども思ほゆ　栗食めば　まして偲はゆ　何處より來たりしものそ　眼交に　もとな懸りて　安眠し寝さぬ」

（大意：瓜を食べれば子どものことが思われる。栗を食べれば，いっそう子どものことがいとしくなる。一体，子どもは何処から来たものなのか。目の前に，しきりとちらついて私に安眠もさせないことよ）

反　歌

「銀も金も玉も何せむに勝れる寶子に及かめやも」
（大意：金銀も玉も何で子というすぐれた宝に及ぼうか）

　憶良にとって，わが子は金銀や玉など，「七種の寶」にもまして優れた宝であり，愛情の対象である。同時に，それは家族の運命を担う者として，「何時しかも　人と成り出てて　悪しけくも　善けくも見むと　大船の思ひ憑む」（大意：何時一人前の人に成人するだろうか，よくもわるくも，その様を見たいものだと，心のうちに頼みにしている）存在でもある。

　それにもかかわらず，人生の現実は厳しく，憶良は愛し子が病で突然死んでしまい，地団駄踏んで泣き叫んだり，自分が老い，病をえて，いっそ死んでしまいたいとも思ったりするが，「五月蠅なす　騒ぐ兒どもを　打棄ててば　死は知らず」（大意：うるさく騒いでいる子どもを打ち棄てて死ぬ気持ちにもなりきれず）泣いて泣いて仕方がないと詠まざるをえないのである[3]。

　身分が高く生活の安定した人びととはともかく，これが民衆の一般的な姿であり，しかし，それゆえに親の子どもに対する切ない思いが募るのである。

　このような「子宝」的子ども観は，子どもが「家」の存続のために大事に育てられる一方，貧しい生活環境から子どもが「物」として，売買の対象として扱われたり，あるいは「餓鬼」，「穀つぶし」として冷遇さ

れたりする側面をも含み込んでいたことを、忘れてはならない。

(3)中世における子ども観・教育観

平安末期の今様歌謡を集めた『梁塵秘抄』には、存分に遊びに興ずる子どもの姿を生き生きと描いた有名な今様がある[4]。

「遊びをせむとや生まれけむ　戯れせむとや生まれけむ　遊ぶ子どもの声聞けば　我が身さへこそゆるがるれ」

（大意：遊び戯れをしようというのでこの世に生まれたのであろうか。わが身までも自然と動き出すようでおどる心をおさえ難い）

このような子ども観は、今日にも通じる素晴らしいものであるが、当時としては、珍しい部類に入るであろう。

「子どもという歴史概念は、中世の武士社会における家の子郎党という一族の親方・子方関係から派生したもので、本来はカウントされる労働力としての『家の子』であって、年齢概念ではない」[5]と言われるように、武士社会においては、子どもを「大人の延長」、「小さな大人」として見る見方が支配的であった。鎌倉武士は、十代に入ると初陣を迎えたと言われ、大人としての役割を立派に果たすよう訓練された。一方、元服前の子どもは、「童名」または「幼名」を用いたり、髪を束ねないでそのまま垂らした「童髪」をしていたり、「童装束」を着けていたり、子どもを大人から区別する見方も存在した[6]。

室町初期の能役者世阿弥は、『風姿花伝』において、年齢段階と心身の発達段階に応じた修業のあり方を説いている。すなわち、だいたい7歳で稽古を始めるが、この頃には、子ども自身が自然にし出すことに風情があるので、「心のまま」にさせ、あまり「よき」、「悪しき」と教えてはならない。12, 3歳になると、声にも調子が出、能に対する自覚も芽生えるので、次第に物まねの数々を教えるべきである。この年齢では、「幽玄」で「声も立つ」ので、悪い点は目立たず、よい点はいよい

よ「花め」く。世阿弥は，それ以後も，17, 8歳，24, 5歳，34, 5歳，44, 5歳，50有余以後と，年齢段階を区切り，生涯にわたり，それぞれの年齢段階の特性を生かした修業の必要性を説いたのである[7]。

(4)近世の子ども観・教育観

　近世社会の特徴の一つは，厳しい身分制にある。したがって，武士の子は武士らしい生活を送り，庶民の子は庶民に許される生活を営まざるをえなかったのあるが，しかし，同じ武士でも家格や身分に応じ，同じ庶民でも農民か，職人か，商人かでそれぞれ別の人生を歩むことになった。さらに，同じ家に生まれた子どもでも，嫡子か嫡子でないか，男児か女児かでも全く扱いが異なった。近世の子どもは窮屈で，「がんじがらめ」の生活を強いられたのである。

　しかし，法的には，同じ罪を犯しても，子どもは大人と比べて罪が軽減されたり，家督相続の場合，子どもがあまりに若いと，後見人または暫定相続人を置いたり，大人とは質的に違う子どもの独自性が認められるようにもなった。

　また，近世には，儒学者，国学者，洋学者が多数現れ，それぞれ優れた書物を著している。

　それらのなかには，「大人の延長」，「小さな大人」といった子ども観とは違う新たな見方と教育観が展開されているものが少なくない。その代表的な例として，近世中期の儒学者貝原益軒と，近世後期の社会改良家大原幽学を挙げておきたい。

　貝原益軒は，「人の性は本（もと）善」であるとする性善説の立場に立ち[8]，「およそ，人となれるものは，皆天地の徳をうけ，心に仁・義・礼・智・信の五性をむまれつきたれば，其性のままにしたがへば，父子，君臣，夫婦，長幼，朋友の五倫の道，行はる。是人の，万物にすぐれてたうと（貴）き処なり」と説く[9]。しかし，この善なる人の本性

も，「気質と人欲」に妨げられて失われてしまう。それゆえに，「すべて人たる者は，古のひじりのをしえを學んで，人となれる道をしり，気質のあしきくせを改め，人欲の妨を去りて，本性の善にかへるべし。是れ學問の道なり」と「聖人の道」を学ぶ重要性を強調するとともに，それによって「万物の霊」となりうる人間の教育可能性を表明している[10]。

　このような人間観に立って，益軒は，「其おしえは，予めするを先とす。予とは，かねてよりといふ意。小児の，いまだ悪にうつらざる先に，かねて，はやくをしゆるを云」と説く。この「予めする教育」は，益軒の教育観の基調を成すものである。しかし，もちろん，「いまだ悪にうつらざる先に」早く教えよと言っても，益軒は，子どもを環境次第，経験次第で善にも悪にも移るもの，つまり「白紙」のようなものと見たのではない。

　益軒は，「子どもは，みずから働き，みずから成長する生命の力をそなえていて，生まれおちるとその瞬間から自発自展して少しのあいだも休むこととてない」存在と解する[11]。したがって，その自発自展する勢いを邪魔したり，方向を誤らせたりすることなく，できるだけ早くから，しかし，焦らず，怠けず，「間断なくしてそのおのずから化するを俟つ」ように教育せよというのが，益軒の真意である[12]。

　益軒は，また，人間の生まれつきの性は善であるが，その才能や性格は様々であり，子どもの個性を強引に一つの「型」にはめ込むのではなく，「幼（いとけ）なき時より，心ことばに忠信（まこと）を主として，偽り」なきよう，また，悪いことを多く見習い，聞き習い，癖にならないうちに「姑息の愛」で甘やかすことなく厳しく戒め，辛抱強く涵養すべきであると主張する。その際，めざされた彼の理想的人間像は，「心もちやはらかに，人をいつくしみ，なさけありて，人をくるしめ，あなどらず，つねに善をこのみ，人を愛し，仁を行なふ」ような人間で

あった。

　今一つ，益軒の教育観で特質すべきものは，「年ニ随ッテ教ノ法」を説いたことである。

　この「随年教法」とは，子どもの年齢，つまり発達に応じた教授法と教材（教科書）を配列したわが国の教育史上画期的な教育課程論である。それは6歳，7歳，8歳，10歳，15歳，20歳の教育が儒教の考え方に従った学習や読書の順序で論じられており，必ずしも益軒の独創とは言えないが，しかし，当時の教育の現実を踏まえたうえで，「子どもの能力や興味が伸びゆく段階と方向をみきわめつつ立案されている」と高く評価されている[13]。

　大原幽学は，子どもの心と身体の成長を松の成長にたとえ，自然の摂理を守った子育ての必要性を説いている。

　幽学によれば，子どもは生まれてから百日間は，物を見るとも見ないとも分らないが，それは「実植したる松」が地中で発芽したようなものであり，その後の1年間は，「松の形ち」が地上に現れてくるのにたとえられる。この頃には子どもの心に人間らしい働きが現れ，声を出して笑うようになる。

　2歳になると，まだ言葉は知らないが，物を見分けたり，色や形を識別したりする働きはすでに備わっている。これは，松の形がはっきり「顕れたる頃」にたとえられる。それゆえ，周りから受ける影響によって，心が左右される様子がいよいよはっきりしてくる。

　3歳近くになると，子どもは自ら笑い，泣き，怒るばかりでなく，他人の「笑ふ顔，怒る声」を見分け，聞き分けることができる。物も言い始め，歩き始める。これは，松が「二葉極りたる頃」に当たり，4歳になれば，松に初めて枝が出る頃で，「萌したる才智の芽をふき出す」，画期的な成長を遂げる時期である。この才智の芽に対する周囲の取り扱い

が大切であり，その取り扱い如何によって，松において「枝ぶりの善悪」が決まるように，心の成長を左右することになる。

　この際，幽学は，「才」と「智」の取り扱いについて，「必（ず）先（ず）智を元として，才は必（ず）末として育るを宣しとすべし」という原則を示している。さらに，幽学は，才より智を勝るようにするには，「必（ず）先（ず）寛柔を以てして，俗に云ふ馬鹿のやうに育つべし」とも言っている。

　5歳になると，精神の働きも，身体の発達に伴って，土台の固いものとなり，張り切ったものになるが，まだ「善悪・正邪」を判別する能力は伸び切っていない。したがって，人の教えや戒めも心にとまらず，思いのまま，感じるままに振る舞って，遠慮気兼ねをしない。幽学は，そんな才気の伸び盛りの子どもに対して，「松の枝ぶりよからぬとて，漸々（やうやう）の事に出たるばかりの枝を切時は，その木に痛み屈して舒（のび）難かるべし。人の子も亦，是れに似たる味ひ有」と述べ，心身の自然の発育段階を尊重しなければならないことを強調しているが，しかし，子どもの成長がこの先向かっていくべき方向について指導する準備も必要であることを指摘することも忘れていない[14]。

　6歳以降については，詳論を差し控えるが，6歳から厳密な意味での教育が始まり，また，女子には「女子らしい物の感じ方，受け取り方，考へ方」が現れるのに応じて，その特徴に合った教育法が勘案される。幽学は，農村に住み，農民の間で子育てを植物栽培にたとえる考え方にも通じていたであろうし，また，子どもの観察も正確精緻であって，「益軒よりも，さらに一歩も二歩も前進している」との評価もなされている[15]。

　いずれにせよ，子どもの成長を植物の成長との対比で論じることは，西欧ではフレーベルが代表格であるが，一つは，「子どもを植物と同様

成長する可能性をもった生き生きとした存在としてとらえていること」、今一つは、「『自然の与える援助』に頼る日本人の子育ての特徴をよくあらわしていた」[16]と言うことができよう。

2. 近代における子ども観・教育観

(1)明治期における子ども観・教育観

　明治維新後、子どもの生活と教育は、大きく変わった。何よりも大きな変化は、全国津々浦々に小学校が開設され、村の子も町の子も、かつての武士の子も町人、職人、農民の子も同じ学校へ通うことが義務づけられた。

　すなわち、1872（明治5）年に出された「被仰出書」（学制序文）で、「邑に不学の戸なく家に不学の人なからしめんことを期す」と、国民皆就学の方針が打ち出され、この方針を実現するために、「幼童の子弟は、男女の別なく小学に従事せしめざるものは其父兄の越度たるべき事」と、子どもを小学校に通わせることが親の責任であることが明記された。

　しかし、学制の構想があまりに画期的なもので、一般民衆の教育観と生活現実からかけ離れ、就学率は盛んな就学督励にもかかわらず、さほど急激に上昇したわけではなかった。当時の子どもは、学校へ行く頃には貴重な労働力となっていたので、就学は家庭から労働力を奪うことにほかならなかった。また、たとえ就学しても、学校で習うことは「高尚ノ空論」のみで、生活の役に立たず、また半年ごとの進級試験が厳しく、なかなか進級できない児童も現れ、学習意欲を失わせた。

　このような現状を打破するため、（自由）教育令や改正教育令が出された。同時に「専ラ智識才芸ノミヲ尚トヒ、文明開化ノ末ニ馳セ、品行ヲ破リ、風俗ヲ傷フ」風潮を改めるため、1879（明治12）年に『教学大

旨』が出され，儒教主義的な徳育が復活し，翌年の改正教育令では，修身が諸教科の末尾から首座に位置づけられた。

　この流れは，1890（明治23）年の教育勅語の頒布によって一層強められ，また，祝日大祭日に行われた学校儀式が御真影への最敬礼や勅語の奉読によって天皇の絶対性のイメージを定着させた。こうして，家の子であり，村や町の子であった子どもが同時に，「国家の子」としての性格を帯びるようになった。

　1894（明治27）年に勃発した日清戦争は，日本人としての自覚と愛国心を呼び起こし，子どもを「他日日本帝国を担当し，偉大なる国民たるべき」存在と見る見方を広めた。

　小学校への就学率が50％を超えたのは，1891（明治24）年のことであるが，近代的産業と資本主義経済の進展に伴い急速に就学率が上昇し，1907（明治40）年には，義務教育年限が6年に延長され，就学率は97.38％に達した。子どもは，もはや学校と無関係に暮らすことができなくなり，子どものなかで「学校の児童生徒」の占める割合が大きくなってきた。

(2)大正・昭和前期における子ども観・教育観

　すでに明治末期から醸成されていた「大正デモクラシー」の盛り上がりに触発され，「新教育運動」―「大正自由教育運動」とも言う―が（高等）師範学校附属小学校や私立小学校を中心に積極的に展開され，及川平治，木下竹次，手塚岸衛，沢柳政太郎，羽仁もと子，西村伊作，赤井米吉，野口援太郎，小原國芳等が活躍した。

　彼らが掲げた改革の理念や教育目標は多様であるが，共通点を挙げれば，当時の公教育に支配的であった教師中心・教科書中心の画一的，注入主義的教育方法を排し，子どもの個性や自発性を尊重し，「自学（自習）」や「自治」を重視する「児童中心主義」の教育を行うというもの

であった。

　彼らに理論的根拠や示唆を与えた欧米の教育（学）者としては，デューイ，パーカスト，キルパトリック，モンテッソーリ，ケイ，ナトルプ，ケルシェンシュタイナーなどが挙げられる。また，彼らの新しい子ども観や教育観が著書・教育学関係雑誌等を通して盛んに紹介された。そのなかでも，デューイが『学校と社会』において，「今日わたしたちの教育に到来しつつある変化は，重力の中心の移動にほかならない。それは，コペルニクスによって天体の中心が，地球から太陽に移されたときのそれに匹敵するほどの変革であり革命でもある。このたびは子どもが中心となり，その周りに教育についての装置が組織されることになるのである」[17]と述べた言葉は，大きな衝撃を与え，また，ケイが「20世紀は児童の世紀」になるべきであると宣言したことは，子どもに対する関心を呼び起こした。わが国における「子ども期」の発見は，この大正デモクラシーの時代においてであったと言えるかもしれない。もっとも，それは知識人や都市中間層といったほんの一部の人たちの間だけにとどまっていたのであるが。

　新教育運動と並行して，鈴木三重吉による『赤い鳥』の創刊，片山伸の文芸教育，山本鼎の児童自由画運動など，「芸術教育運動」も展開された。この芸術教育運動において中心的役割を果たしたのは，『赤い鳥』であった。

　『赤い鳥』は，当代一流の文壇人の協力をえて，子どもの感性に直接訴えるみずみずしい童話や童謡を生み出し，今日まで読み継がれ，歌い継がれているものも少なくない。『赤い鳥』は，全国の学校で「補助教材」としても使われ，三重吉や北原白秋による誌上での綴り方・詩作指導は子ども自身の投稿を促し，児童文芸運動を起こすきっかけとなった。

河原和枝によれば，『赤い鳥』に描かれた子どもには，三つの基本的イメージがあるという[18]。
　①「良い子」あるいは「善良さ」のイメージ
　②「弱い子」あるいは「弱さ」のイメージ
　③「純粋な子」あるいは「純粋さ」のイメージ
　むろん，これらの基本的イメージは，相互排他的なものではなく，二つないし三つが重なり合うことがあるが，三つの基本的イメージをすべて併せもっているのが，「無垢な子」というイメージである。子どもを無垢な存在であるとみなすロマン主義的子ども観は，『赤い鳥』によって確立され，白秋は，そのような子ども観にもとづき，学校（教育）を「純真な子どもの天性を歪形ならしむる，妙に規則的な，子どもに縁のない，何の楽しみもない，大人の子どものために造つた一種の牢獄」と批判した。
　第一次世界大戦後，日本の経済は，慢性的不況に陥り，1929（昭和4）年の世界大恐慌後は，一層深刻の度を増し，多くの失業者を出すに至った。労働者・農民階級の子どもは，「欠食児童」になったり，身売り，奉公という形で家を離れたりしなければならなかった。
　日本は，こうした国内外の緊張・矛盾を軍国主義の強化によって解決しようとし，1931（昭和6）年から1945（昭和20）年に至る「15年戦争」と呼ばれる時期を迎えた。このような「総力戦体制」のもと，1941（昭和16）年に「国民学校令」が出され，それは第１条に「皇国ノ道ニ則リテ初等普通教育ヲ施シ国民ノ基礎的錬成ヲ為ス」とあるように，従来の小学校を「少国民」（年少の国民，すなわち少年少女のこと）を「皇国民」にまで「錬成」する「国民学校」に改編しようとするものであった。子どもも「幼い戦力」とみなされ，「陛下の赤子として，りっぱな日本人になる覚悟を，しっかりかためること」（『初等科修身四』）

が大切であった。

(3)第二次世界大戦後の子ども観・教育観

　1947（昭和22）年4月，6・3制の新教育がスタートした。教員も校舎も整わず，また苦しい生活のなかでの出発ではあったが，「教育基本法」はその前文で「個人の尊厳を重んじ，真理と平和を希求する人間の育成を期するとともに，普遍的にしてしかも個性ゆたかな文化の創造をめざす教育を普及徹底しなければならない」と高らかにうたい，子どもの人格をひとしく尊重し，その完成をめざす民主主義的な教育を目的とした。

　同じ年の12月には，満18歳未満のすべての児童を対象として「児童福祉法」が成立した。同法は，第1章「総則」に「すべて国民は，児童が心身ともに健やかに生まれ，且つ，育成されるよう努めなければならない」（第1条第1項），「すべて児童は，ひとしくその生活を保障され，愛護されなければならない」（第1条第2項）と規定し，子どもを慈恵的配慮の対象としてではなく，健やかに育成・愛護されるべき権利の主体としてとらえる見解を表明している。

　さらに，1951（昭和26）年5月5日に，「児童憲章」が制定された。この前文には，「われらは日本国憲法の精神にしたがい，児童に対する正しい観念を確立し，すべての児童の幸福をはかるために，この憲章を定める」とあり，総則には「児童は，人として尊ばれる」，「児童は，社会の一員として重んぜられる」，「児童は，よい環境のなかで育てられる」の三原則が示されている。これは子どもを人権の主体として見る「日本最初の子どもの権利宣言」と言われ，国連・子どもの権利宣言（1959年）に先立って制定された画期的なものであった。

　なお，子どもを権利の主体から「権利行使の能動的な主体」として位置づけた「子ども（児童）の権利に関する条約」が1989（平成元）年，

国連の総会で採択され，日本は1994（平成6）年に批准している。

　戦後の法規上の子ども観と教育観は申し分のないものであるが，果たして，現実の子どもと教育の状況はどうであろうか。敗戦後の混乱から立直った後，1960年代から経済の高度成長期が始まり，社会も大きな構造転換を成し遂げ，国民の生活水準は著しく高まったことは周知の通りである。しかし，この高度経済成長は，子どもに多くのものを与えると同時に，多くのものを奪うことになった。子どもは，苛酷な労働や貧困から解放され，「子ども期」を手厚い保護と教育を受け，豊かな消費生活を楽しみながら送ることができるようになった。この時期に至って初めて，わが国において，「よい環境のなかで」子どもらしい「生活を保障され」た「子ども期」が実質的に確立されたと言えるのではなかろうか。

　しかし，急激な都市化と過疎化，それに少子家族化のなかで，地域共同体が崩壊するとともに，子どもは，異年齢仲間集団と遊び場を失い，家庭と学校に閉じ込められることになった。折しも，厳しい進学競争が始まり，「偏差値教育」体制が取り沙汰され，子どもの塾通いが社会問題化した。子どもは，専ら「家の子」と「児童生徒」として行動し，彼らから「地域共同体の子」や「国家の子」という意識は希薄になっていった。

　子どもは，また大衆消費社会と情報化社会のなかで，かつての共同生活者から完全消費者に変わり，テレビ，パソコン，携帯電話といったマス・メディアによって現実を把握し，間接的なコミュニケーションを増やしている。

　1970年代後半以降，学校においては非行，校内暴力，不登校，いじめ，学級崩壊等，子どもの「問題現象」が相次ぎ，社会の新しい状況に対応できない学校（教育）の改革が叫ばれている。また今日，「子ども

は変わった」と嘆き，戸惑う声が大きくなっている。

しかし，「変化したのは，『子どもそのもの』，つまり彼らの実体ではなく，彼らとの関係の担い手としての『大人』をも含めて，子どもと大人との間に結ばれていた『子ども―大人関係』ではなかろうか」[19]。今われわれに求められているのは，個々の具体的な場面に応じて「子ども―大人関係」を結び直し，適切な子ども観と教育観をその都度打ち立てていくことなのである。その際に，上述してきた子ども観と教育観は，大いに参考になるであろう。

《註》
1) 柳田国男（1976）『こども風土記・母の手毬歌』，岩波書店
2) 宮田登（1996）『老人と子供の民俗学』，白水社
3) 高木市之助・五味智英・大野晋校注（1959）『萬葉集』2（日本古典文學大系5），岩波書店
4) 川口久雄・志田延義校注（1960）『和漢朗詠集　梁塵秘抄』（日本古典文學大系73），岩波書店
5) 宮田登（1996），前掲書
6) 石川謙（1954）『我が國における兒童觀の發達』，一古堂書店
7) 山崎正和（1969）『世阿弥』，日本の名著10，中央公論社
8) 貝原益軒，石川謙校訂（1938）『大和俗訓』，岩波書店
9) 貝原益軒，石川謙校訂（1961）『養生訓・和俗童子訓』，岩波書店
10) 貝原益軒，石川謙校訂（1938）『大和俗訓』
11) 貝原益軒，石川謙校訂（1961）『養生訓・和俗童子訓』
12) 貝原益軒，伊藤友信訳（1996）『慎思録』，講談社
13) 貝原益軒，石川謙校訂（1961）『養生訓・和俗童子訓』
14) 奈良本辰也・中井信彦校注（1973）『二宮尊徳　大原幽学』（日本思想大系52），岩波書店
15) 石川謙（1954）『我が國における兒童觀の發達』
16) 山住正巳（1979）「近世における子ども観と子育て」『岩波講座　子どもの

発達と教育』2，岩波書店
17)デューイ，市村尚久訳（1998）『学校と社会・子どもとカリキュラム』，講談社
18)河原和枝（1998）『子ども観の近代』，中央公論社
19)本田和子（1999）『変貌する子ども世界―子どもパワーの光と影』，中央公論社

●参考文献
①石川謙『我が國における兒童觀の發達』一古堂書店，1954年
②岩波講座『子どもの発達と教育2　子ども観と発達思想の展開』岩波書店，1979年
③河原和枝『子ども観の近代』中央公論社，1998年
④小山静子『子どもたちの近代　学校教育と家庭教育』吉川弘文館，2002年
⑤斉藤研一『子どもの中世史』吉川弘文館，2003年
⑥宮田登『老人と子供の民俗学』白水社，1996年

●学習課題
(1)あなたが関心をもった時代や思想家の子ども観と教育観を，詳しく調べてみよう。
(2)あなたが好きな作家が，子どもや教育をどのように描いているか，調べてみよう。
(3)現在の子どもをめぐる諸問題について，新聞・雑誌等でどのように論じられているか，関心のあるテーマに絞って，まとめてみよう。

5. 家庭と教育

山﨑　高哉

《ポイント》　今日，家庭と教育をめぐって様々な問題が指摘されている。家庭の教育力の低下，児童虐待，引きこもり，アダルト・チルドレン等々，挙げ始めると切りがないほどである。このような問題を未然に防ぐためにも，子どもの豊かな人間性をはぐくむ家庭のあり方と家庭に固有の教育課題について明らかにする。
《キー・ワード》　1.小家族化　2.養育不在　3.しつけ不在　4.遊び・労働不在　5.愛と権威の原理　6.基本的信頼感の育成　7.道徳的，宗教的情操の涵養

1．日本の家庭の現状

　まず，現在における日本の家庭の現状について，簡単に概観しておこう。

(1)小家族化―世帯規模の縮小化の進行

　日本では，1920（大正9）年に国勢調査が始まったが，平均世帯人員は1955（昭和30）年頃までほぼ5人で推移し，ほとんど変化が見られなかった。しかし，1960（昭和35）年頃から世帯規模の縮小が始まり，1965（昭和40）年に4.05人となり，2000（平成12）年には2.76人にまで落ち込んでいる。

　なぜ，このように世帯規模の縮小化が進んだのであろうか。

　戦後の高度経済成長期以来指摘されてきた最も大きな要因は，「核家族化」であった。たしかに，夫婦と子どもから成る核家族世帯は，1970

年代から80年代にかけて増え，1985（昭和60）年には全世帯のうち61.1%を占めていた。しかし，核家族世帯は，それをピークに徐々に減り始め，2000（平成12）年には59.1%になっている。

むしろ今日著しい増加を示しているのが，「単独世帯」である。単独世帯には，未婚単独世帯，高齢単独世帯，離別・死別単独世帯などがあるが，それが1975（昭和50）年の19.5%から2000（平成12）年には27.6%に増え，全世帯の4分の1以上を占めるに至っているのである。

今一つ，世帯規模の縮小をもたらしているものに，「少子化」がある。女性一人が生涯に子どもを産む数の平均を示す「合計特殊出生率」が，2005（平成17）年に1.25となり，過去最低を更新した。

少子化に歯止めがかからない主な要因には，
　①晩婚化
　②未婚率の上昇
　③子育ての負担感と子どもの教育費の増大
　④仕事と家事・育児の両立の難しさ
　⑤固定的な性別役割分業を前提とした職場優先の企業風土
などがあると指摘されている。

(2)結婚観・家族観の変化

第二次世界大戦後，古来の「家」制度が廃止され，婚姻は両性の合意にのみもとづいて成立する家庭の「民主化」がめざされた。それに伴い，「家」中心の結婚から「個人」中心の結婚へ，具体的には，「見合い」結婚から「恋愛」結婚へと，結婚観や結婚形態が変化した。

また，親子関係よりも，夫婦関係が重視され，夫婦関係も「上下」関係としてではなく，「横」の関係，本質的平等の関係とみなされるようになった。

このような夫婦と親子が温かい愛情と信頼で結ばれ，豊かで楽しい対

話に満ちた家庭を築ければ，家庭は，人間性の育成，回復の場として大きな意義をもつであろう。「家族が生きがい」という家族観は，今日，多くの人びとの間で共有されている。

しかし，夫婦と子どもから成る「核家族」は，祖父母や兄弟が同居していたかつての「拡大家族」とは異なり，家庭の構造と機能の純化であると同時に，単純化である。核家族は，うるさい大家族や地域社会の目から離れ，自由で気楽な生活を可能にするものの，その構造と機能の単純化のゆえに，家族の孤独化，そして家族内での個人化（＝「孤人化」）につながる危険性を内包している。

事実，今日では，家庭・家族の崩壊・解体現象が次々に現れている。夫婦の離婚率の増大，母子世帯・父子世帯の増加，育児不安・育児ノイローゼ，児童虐待，家庭内暴力の増加，アダルト・チルドレン，摂食障害，引きこもり，高齢者介護等，諸問題の多発で，日本の家庭・家族は，数多くのリスクに直面している。

2．今日の家庭教育の問題点

1997（平成9）年に神戸市で起きた「酒鬼薔薇事件」以来，青少年による凶悪事件が相次いで起こるたびに，家庭における教育力の低下や「心の教育」の必要性が強調される。特に，過保護や過干渉，育児不安の広がりやしつけへの自信の喪失など，今日の家庭教育における問題は，座視できない状況になっていると指摘されている。

私は家庭教育における問題点を，大きく
　①養育不在
　②しつけ不在
　③遊び・労働不在
の三つに分けて考えている。

一つ一つにわたって詳細に説明することができないのが残念であるが，各問題点のうち，主なものに限って述べておこう。

(1)児童虐待

養育不在とは，子どもを産んでも愛せない，育てられない親が増えていることを指している。子捨て，子殺し，親子心中，アダルト・チルドレンなどのほか，近年，児童虐待が急増している。ここでは，児童虐待を取り上げよう。

児童虐待とは，2000（平成12）年に成立し，2004（平成16）年に一部改正された「児童虐待防止法」によれば，親など「保護者がその監護する児童（18歳に満たない者をいう。以下同じ。）について行う次に掲げる行為」をいう。すなわち，

　①児童の身体に外傷が生じ，または生じるおそれのある暴行を加えること
　②児童にわいせつな行為をすることまたは児童をしてわいせつな行為をさせること
　③児童の心身の正常な発達を妨げるような著しい減食または長時間放置，保護者以外の同居人による前二号または次号に掲げる行為と同様の行為の放置その他の保護者としての監護を著しく怠ること
　④児童に対する著しい暴言または著しく拒絶的な対応，児童が同居する家庭における配偶者に対する暴力…その他の児童に著しい心理的外傷を与える言動を行うこと

である。

児童虐待とは，
　①身体的虐待
　②性的虐待

③保護の怠慢ないし拒否（ネグレクト）
　　④心理的虐待
のことを指していうのである。

　厚生労働省の調査によれば，2005（平成17）年度に，全国の児童相談所に寄せられた児童虐待についての相談件数は，34,451件にのぼる。調査を始めた1990（平成２）年度の1,101件と比べて約31倍，児童虐待防止法施行前の1999（平成11）年度の11,631件に比べ，約３倍となっている。これでもまだ氷山の一角であるとの指摘もある。

　このような児童虐待の急激な増加の原因について，次のような見方がある。

　　①児童虐待に対する理解が深まり，家庭内で埋もれがちな虐待が社会的に顕在化した。
　　②都市化や核家族化が進み，家庭の内でも外でも育児への支援がなく，孤立した母親にストレスがたまっている。

　後者について言えば，たしかに，主たる虐待者は，性的虐待を除いて，「実母」が「実父」より２倍以上の数になっている。しかし，これは母親への子育て負担が集中し，母親が子育てをつらく感じたり，子どもをかわいいと思えなくなったりすることの現れであろう。子育ては，父母の共同事業・共同責任であることを認識し，夫婦間で子育ての責任を分担し合うとともに，子育てを地域社会で担っていく体制を整備していくことが必要である。

(2)しつけの目標の喪失

　今日，価値観の多様化・多元化の流れのなかで，しつけの目標の自明性が喪失したと言われている。価値観やモラルの基準そのものが大きく変わり，しつけに対する考え方や態度にも著しい世代差や階層差，個人差が認められる。

また,「しつけ」という言葉は,日常あまりにもよく使われるので,それほど厳密に検討されることなく,様々な主張が飛び交い,人びとを惑わせることにもなっている。
　例えば,「躾」(身+美)は,身体を美しく飾るという意の国字で,それには上からの押し付け,「型はめ」といった意図的,強制的,形式主義的な色合いが付きまとっており,しつけをすれば,子どもの自由を束縛するだけでなく,子どもの人格を否定し,個性や自立性の発達を損なうと言われたり,しつけは,親が自分の成長の過程で親から受けた屈辱や苦しみを,「教育」という美名のもとに,子どもにも味わせてやりたいという無意識の欲求の現れであるとも言われたりしている。
　しかし,躾という国字は,「礼儀作法をその人の身につくように教え込むこと。また,身についた礼儀作法」を意味し,「教え込む」と言っても,強制的,形式主義的にではなく,順序立てて指導することであった。
　さらに,しつけは,裁縫で,「縫い目や折り目を正しく整えるために仮にざっとあらく縫うこと。また,その糸。」をも意味し,着物が縫い上がると,「しつけ糸」がはずされるように,子どもを自立(自律)した人間に仕上げれば,不要になるものである。しつけは,子どもが将来自立(自律)した人間として社会に出て行くために,また,自分自身の個性や能力を最大限に発揮できるようになるために,欠かすことのできない「基礎工事」なのである。
　しかし,現代の親は,たしかに,地域共同体が消失し,学校が不信の目にさらされているなかで,しつけの意義や目標を見失い,しつけに対する自信を失いがちであるし,子ども自体もなぜしつけを受け,従わなければならないか,その理由を問い正すようになっている。
　とはいえ,広田照幸が言うように,「家庭の教育力は低下している」

という世間のイメージとは裏腹に，親たちは，以前よりも熱心にわが子の教育に取り組むようになっている。「現代の親たちは，しつけや教育の担当者でもあり，手配師でもあり，最終的な責任者でもある」[1]。したがって，親がそれぞれの生活と体験にもとづき，人間のあり方・生き方についての洞察を深め，「自分の」価値観を確立し，「自分の」家庭のルールを定め，生活の秩序を保っていくことが，何よりも必要となるのである。

(3) 遊び，自然・生活体験の単調化・貧困化

遊び・労働不在に関しては，一般によく指摘されているので，ここでは，文部省（当時）生涯学習局青少年教育課による「子どもの体験活動等に関する国際比較調査」（1999年）を参考にしながら，簡単に触れておきたい[2]。

都市化の急激な進展は，住宅地の確保等から生じる自然破壊，騒音・公害，さらに子どもの遊び場の不足をもたらし，メディア環境の変化，とりわけ，インターネット，TV，ビデオ，TVゲーム，携帯電話など，新しい情報機器・手段の普及は，子どもの遊びの「室内化」「個室化」をもたらすとともに，自然体験・生活体験の不足や擬似体験の増加を招いている。

前掲の「子どもの体験活動等に関する国際比較調査」によれば，日本の子どものTVやビデオの視聴時間は，諸外国の子どもに比べてかなり多い。日本の子どもで，1日3時間以上TVやビデオを見ているのは47％であり，韓国の子どもで35％，イギリスの子どもで33％，アメリカの子どもで32％，ドイツの子どもで24％となっている。

また，同じ調査において，自然体験をどのくらいしたことがあるかという設問に対して，「何度もある」と答えた者で，日本の子どもが諸外国と比べて最も少ないのは，「キャンプをしたことがある」（20％），「夜

空いっぱいに輝く星をゆっくり見たこと」(26％)であり，他方，最も多いのは，「海や川で貝を採ったり，魚を釣ったこと」(32％)，「チョウやトンボ，バッタなどの昆虫を捕まえたこと」(34％)である。

　この調査によれば，日本の子どもは，身近な自然に触れる機会は少なくないが，家族でキャンプに行ったり，登山したり，冒険的な遊びをしたりする，日常的な生活圏を離れて活動する機会が多くないことが明らかになっている。

　生活体験では，日本の子どもが他の国の子どもと比べて，「何度もある」と答えているのが少ないのは，「赤ちゃんのおむつをかえたり，ミルクをあげたこと」(7％)，「自分で食事を作ったこと」(30％)，「小さい子どもの世話をしたり，遊んであげたこと」(41％)であり，逆に，最も多いのは「自分のくつを洗ったこと」(42％)である。日本の子どもの生活体験を男女別にみると，全体として男子に比べ女子が「何度もある」もしくは「少しある」と回答する割合が高い。

　同じ調査によれば，日本の子どもは，家事の手伝いもあまりしていない。日本の子どもで最も多く手伝っているのは，「食事の後片付けをすること」であり，「いつもしている」が37％である。他方，諸外国の子どもと比べて，日本の子どもが「いつもしている」と答えている割合が最も少ないのは，「買物の手伝いをすること」(7％)，「家の中の掃除や整頓を手伝うこと」(9％)，「ゴミ袋を出すこと」(11％)である。子どもが協力している家事は，比較的簡単なものが多く，炊事，掃除，ゴミ出しなど，家庭生活の中心を占める家事については手伝わない子どもが多いことが分かる。

　今日の家庭は，少数の例外を除き，かつてのような生産や労働の場でなく，専ら消費の場に変わり，「現代っ子」は，働くことから切り離された「完全消費者」の様相を呈している。

3．子育ての基本原理

　子育ての基本原理には，二つの側面があると言われている。その二つとは，様々な対で言い表されているが，例えば，愛と権威の原理，優しさ（包容性）と厳しさ（規範性）の原理，母性と父性の原理などである。これらは，家庭における親の二つの役割，つまり，「保護者」としての役割と「社会の代理人」としての役割に対応しているとみなすことができよう。

　愛や優しさ，母性の原理というのは子どもをあるがままに受け容れ，慈しみ，守り，はぐくむことを表している。それは，親が子どもと外界（社会）の間に介在して，子どもを外界（社会）の厳しい荒波から守り，育てる役割を果たすことであり，子どもを養育する機能である。それは，親が子どもにとって家庭を安心してくつろげ，自分に固有の世界をつくりあげ，「個性化」する場にすることである。

　それに対して，権威や厳しさ，父性の原理は，子どもが自立（自律）した人間として社会に巣立つことができるように，子どもをより大きく広い外界（社会）に連れ出し，未知の世界を切り拓くとともに，社会の規則や文化を伝え，教えることを意味している。それは，親が社会の代理人または人生の先輩としての役割を果たすことであり，子どもを「社会化」すること，もしくは教育することである。それは，家庭を単にくつろぎや安らぎを感じる場だけでなく，社会の冷たさ・厳しさに立ち向かうための，いささかの緊張を強いる場とすることでもある。

　この二つの原理は，言うまでもなく，分離することなく，一つとなり，補完しあって作用するところに意味がある。ランゲフェルドが「両親はこの世界から子どもを保護しているものであると同時に，子どもに対しては，この世界を代表するものだ」[3]と述べているのは，このこと

を言い表している。

しかし，現実には，両方の機能のバランスが崩れ，一方に偏ったり，双方ともに強すぎたり，弱すぎたりすることがあり，「教育する家族」になれない家族が存在する。すなわち，愛の原理，養育機能があまりにも強すぎると，「過保護の家庭」になり，権威の原理，社会化機能があまりにも強すぎると，「厳格で過干渉の家庭」になる。両機能が存在しないか，あまりにも弱すぎると，「放任の家庭」になるのである。

一方，両機能がバランスよく，柔軟性を保って作用すれば，文字通りの「教育する家族」となるわけであるが，両機能が強く，過剰に作用すれば，「理想的，あまりに理想的な」家庭になってしまう。この「過保護で過干渉な家庭」は，真面目で，問題がなく，争わず，互いに優しく接することを重視し，子どもに対する期待も大きく，子どもが「よい子」であることを強い，子どもにとって息苦しく，「逃げ場のない牢獄」のような家庭になることも少なくない。

今日，「よい子」ストレスをため込んだ子どもと，「よい母」ストレスをため込んだ母親が，児童虐待，いじめ，「学級崩壊」，家庭内暴力，摂食障害等を引き起こす一因になっているとの指摘もある。

そこで，家庭における養育機能と社会化機能をバランスよく，相互補完的に作用させ，子育てを行い，子どもの豊かな人間性をはぐくむために，家庭は，少なくとも何をしなければならないのか，家庭に固有の課題とは何かについて，考察を加えよう。

4．家庭に固有の教育課題

(1)基本的信頼感の育成

まず，第一の課題は，子どもの情緒的な安定を図ることである。家庭は，何と言っても，愛情と信頼の絆で結ばれた生活の場であり，子ども

は、そのなかで温かく守り、育てられるべき存在である。家庭は、子どもにとって温かく、平和で、落ち着ける「心の基地」であり、基本的な安心感・信頼感を抱くことのできる「世界の中心」でなければならない。

今日、子どもにあまりにも早くから「自立」を求め、子どもが甘えたり、依存したりすることを拒む親が増えていると言われるが、自立心というものは、安心感・信頼感から自然に芽生えてくるものであり、両親は、十分な身体接触（スキンシップ）を通じて子どもとの心のつながりを保つとともに、一家団欒や挨拶の励行等、家族間での豊かな会話を通して心のつながりを楽しみ、深めることが必要であろう。こうして醸成された基本的な安心感・信頼感は、子どもに自信や自尊感情を培い、のちの「学ぶ力」や「生きる力」の基盤を形成することになるのである。

(2)**適時、的確なしつけ**

家庭の第二の課題は、適時、的確なしつけを行い、自制心や自立（自律）心を培うことである。広田も言うように、各家庭には、それぞれ独自の、多様なしつけの目標があってよく、唯一絶対の目標などありえないが、しかし、そのなかに、しつけの目標として最低限含まれていることが望ましい目標も、ないわけではない。特に乳幼児期におけるしつけの目標として、私は、次の三つを欠くことができないと思う。

　①基本的な生活習慣を身につけさせること
　②家庭内での人間関係能力を育成すること
　③社会生活における行動の仕方の基本、善悪のけじめを習得させること

まず、第一の基本的な生活習慣とは、食事や睡眠、排泄、入浴、衣服の着脱、清潔、整理整頓、姿勢などにかかわる習慣のことである。ところが、今日、このような基本的な生活習慣を子どもに身につけさせるこ

とへの配慮の弱い親が増えており、子どもに、お乳や食事を与えなかったり、偏食を許したり、朝食を一人で食べさせたり（「孤食」）、夜遅くまで子どもを起こしていたり、排泄のしつけをしなかったり等々、数え上げると切りがないくらいである。しかし、上述の生活習慣は、すべて個人の身の始末にかかわる基本的なものであり、生活のリズムを確立するために、また、子どもの自制心や自立（自律）心を育てるためにも、少なくとも小学校に入る頃までには、子どもの身につけさせておきたいものである。

次に、家庭内での人間関係能力の育成に関して言えば、家族間の温かく豊かな触れ合いのなかで、親はまず、子どもに、「おはよう（ございます）」、「行ってきます」、「ただいま」、「お休みなさい」、「いただきます」、「ご馳走さま（でした）」などの挨拶や、「ありがとう（ございます）」、「済みません」、「ごめんなさい」といった感謝やあやまりの言葉が、心から素直に出る習慣をつけさせることが大切である。

今日、人間関係づくりの「潤滑油」となる「ソーシャル・スキル」の不足した子どもが増えていると言われているが、挨拶の仕方、話の聞き方、質問の仕方、温かい言葉のかけ方、仲間の誘い方、頼み方などを親子ならではのコミュニケーションのなかで、おのずと身につくように配慮する必要がある。

このほか、子どもに家事を分担させることは、家族や家庭についての理解を深めさせ、家事作業を通して巧緻性を高めるとともに、責任感や自立（自律）心、さらには家族の役に立ったという満足感を味わわせることができる。兄弟姉妹間での協力や我慢の仕方をしつけるのも、子どもの思いやりや自制心をはぐくむ上で大きな意義をもっている。

第三の、社会生活における行動の仕方の基本、善悪のけじめを習得させるとは、具体的には、近所の人や先生・友だちに挨拶をする、先生の

言うことをよく聞く，困っている人を助ける，電車やバスで高齢者や障害者・児に席を譲る，弱い者いじめはしない，交通ルールや順番，約束を守る，道路や公園を汚さない等のことを子どもに教えることである。しかし，日本の家庭におけるしつけでは，倫理観・道徳観の指導にはあまり力点が置かれず，わずかに「他人に迷惑をかけてはいけない」といった他人（や社会）に対する消極的な関係を維持する内容に限られている。集団生活におけるルールやマナーについては，学校や地域社会で習得できるにしても，人間らしく生きるうえで基本となるルールやマナー，規範意識は，家庭で教えることが望ましい。

(3) 基本的な「生活の知恵」の伝授

　家庭の第三の課題は，子どもに基本的な生活上の知識・技術を習得させることである。

　今日，都市化や少子化の進行，地域社会のつながりの希薄化などにより，すでに見たように，子どもの自然体験・生活体験・社会体験が著しく減少している。このことは，親と子の共同体験が減少していることでもある。

　家庭は，何よりも「生活教育」の場であって，決して学校教育の下請け機関でも，先取り機関でもない。家庭には，家庭の，学校とは異なる教育機能があるのである。そのことを，親は，もっと認識し，子どもが生きていくために必要な「生活の知恵」や生活技術を学び，体験し，実践することができるよう，家庭内の行事や家事，その他の共同作業に参加させ，共通の体験と生活実感を豊かにさせるべきである。

　また，親は，地域社会に存在する各種団体や施設を積極的に利用し，子どもを，キャンプやサマースクール，ホームステイ，ボランティア活動などに参加させ，子どもに，多様な人間関係と自然・生活体験，社会体験を積ませるのも，効果的であろう。

(4)道徳的，宗教的情操の涵養

　家庭の第四の課題は，子どもに自分の「生き方」に目を開かせること，より具体的に言えば，子どもの道徳的，宗教的情操を培うことである。このような子どもの「心の教育」にとって，親以上の専門家はいないと言ってよいであろう。それにもかかわらず，日本の子どもは，諸外国の子どもに比べ，社会のルールや道徳心について親，とりわけ父親からしつけられていない。

　たしかに，今日の激動の時代にあって，社会の価値観が多様化・多元化し，そこには混乱や断絶もあり，親自身に迷いや自信喪失もあろうが，しかし，社会全体の価値観が安定するまで待っていてよいはずはなく，むしろ，こんな時代であるがゆえに，一人一人の親が自らの生きる姿勢を正し，自らの体験に裏打ちされた人生観や世界観，生活信条―例えば，「自分でできることは自分でする」，「やらねばならないことはちゃんとやる」，「友だちを大切にする」，「嘘はつかない」，「時間・ルール・約束は守る」など常識的なことであってもよい―を，子どもに「説教」するのでなく，ごく自然に語りかけ，それを実践している姿を見せることこそ先決である。

　そうすれば，子どもは，親の人格にじかに触れるとともに，親の生きた模範から「人生の知恵」を学び，自分の心をはぐくみ，自分の「生き方」に目覚めることができるであろう。また，親は，自分のしている仕事の内容や，その面白さ，やり甲斐，苦労について語り聞かせ，子どもの意見を求めるのもよいであろう。

　子どもは，社会人としての親の役割を知り，社会や仕事に対するよきオリエンテーションをえると同時に，自分の人生への夢を思い描くことになるであろう。こうして，親子の対話がおのずから始まり，ときには意見の違いや摩擦も経験しながら，両者の理解と親密の度合いは深ま

り，親子ともども学び，育つ家庭（教育）の理想の姿が実現されるであろう。

《註》
1）広田照幸（1999）『日本人のしつけは衰退したか 「教育する家族」のゆくえ』，講談社
2）文部省生涯学習局青少年教育課（2000）「子どもの体験活動等に関する国際比較調査の実施結果について」
3）ランゲフェルド，和田修二訳（1966）『教育の人間学的考察』，未来社

●参考文献
①東　洋『日本人のしつけと教育―発達の日米比較にもとづいて』（シリーズ人間の発達12）東京大学出版会，1994年
②尾木直樹『子どもの危機をどう見るか』岩波書店，2000年
③河合隼雄『父親の力　母親の力　「イエ」を出て「家」に帰る』講談社，2004年
④汐見稔幸『親子ストレス―少子社会の「育ちと育て」を考える』平凡社，2000年
⑤広田照幸『日本人のしつけは衰退したか 「教育する家族」のゆくえ』講談社，1999年

●学習課題
(1) ご自分の家族・家庭のことを思い起こし,家族や家庭のあり方について考えてみよう。
(2) ご自分がどんな親になりたいか,あるいはどんな親でありたいか,800字でまとめてみよう。
(3) 家庭と教育をめぐる様々な問題のうち,関心のある問題について,参考文献を読んで調べてみよう。

6

学校教育の社会的役割

片山　勝茂

《ポイント》　今日，学校は厳しい状況にある。2005年の調査では，学校に満足していない保護者は27.5%（文科省）ないし43.2%（内閣府）にも達する。不登校の子どもや，不就学の外国籍の子どもなど，学校に行っていない子どもも多い。こうした状況の中，「なぜ学校に行くのか」を問い，学校教育の社会的役割を明らかにする。
《キー・ワード》　1.「確かな学力」　2.「生きる力」　3. PISA　4. 資質能力の育成　5. 人材の配分機能　6. 機会の均等

1．わが国の学校教育の現状

　今日，学校は厳しい状況にある。教育改革は日本社会の大きな関心事となっており，実際に様々な改革が実施されている。例えば，2002年4月から，小・中学校で「ゆとり」の中で「生きる力」をはぐくむことをねらいとした新しい学習指導要領が全面実施されている。と同時に，国立および公立の小・中・高等学校や幼稚園において，全ての土曜日を休業日とする完全学校週5日制が実施されている。しかしながら，授業時数と教育内容を削減することに対し，「学力低下」をまねく改革だという批判が（上記の改革が全面実施されるよりも前から）高まり，文部科学省は「ゆとり」よりもむしろ「確かな学力」を重視する姿勢を見せている。

　本章ではまず，保護者の意識調査と国際学力調査をもとに，わが国の学校教育の現状を明らかにする。その上で，学校教育の社会的役割につ

いて考察する。最後に，わが国の学校教育で重視されている「確かな学力」と「生きる力」の育成について検討する。

(1)保護者の意識調査

2005年3月から4月にかけて，文部科学省の委託により「義務教育に関する意識調査」が行われた。調査によれば，小・中学生の保護者の内，学校に対して満足している者は70.0%に達している。ただし，満足している者の内訳を見ると，「とても満足している」者は5.5%に過ぎず，ほとんどは「まあ満足している」と回答している。さらに，学校に対して満足していない者は27.5%に達している。より具体的な内容を見ると，「運動会などのスポーツ活動」や「学芸会や音楽会などの文化活動」に対する満足度は比較的高い。また，小学校に限れば，「教科の基礎的な学習指導」に対する満足度も比較的高い。逆に満足度が低い項目としては，「一人ひとりの学力や興味に応じた指導」や「受験に役立つ内容の学習指導」，「将来の進路や職業について考えさせること」，「いじめや不登校問題への対応」などがある。

もう一つ，保護者の意識調査を見ておこう。2005年9月に，内閣府は，子どもが小学校から高校に通っている保護者を対象に「学校制度に関する保護者アンケート」を行った。その調査結果を見ると，現在の学校教育に満足している者は12.9%にすぎない。不満な者は43.2%にも達し，残る43.9%は「どちらでもない」と回答している。また，ゆとり教育については，「ゆとり教育重視を継続すべきである」という回答は5.0%しかなく，61.6%が「ゆとり教育は見直すべきである」と回答している。さらには，子どもの学力向上という面で学校と学習塾・予備校を比べると，学習塾・予備校の方が優れているという評価が70.1%にも達している。学校の方が優れているという評価は4.3%にすぎない。

以上の二つの調査は，調査手法を異にしているため，学校に対する満

足度について異なった結果を示している。また，内閣府の調査は，インターネット上でのアンケート調査であり，母集団に偏りがある点は否めない。とはいえ，上記二つの調査から，一定程度の保護者が現在の学校に対して厳しい目を向けていることが見て取れよう。

(2)国際学力調査

OECD（経済協力開発機構）は，2000年から3年ごとに，生徒の学習到達度調査（PISA）を行っている。調査対象は15歳児とされ，わが国では高校1年生にあたる。2006年9月の時点で，読解力に重点をおいた2000年の調査（PISA2000）と数学的リテラシーに重点をおいた2003年の調査（PISA2003）の結果が公表されている[1]。

PISAの結果からすると，日本の教育システムは，世界的に優れたものと言える。PISA2000とPISA2003の両方において，わが国の生徒の数学的リテラシーと科学的リテラシーは，世界トップレベルである。また，PISA2003で調査項目に加えられた「問題解決能力」についても，わが国の生徒は，世界トップレベルにある。ただし，読解力に関しては，PISA2000では世界の上位グループに位置していたものの，PISA2003では世界の平均程度にまで低下してしまっており，読解力の向上が大きな政策課題となっている。読解力が低下した理由は，成績上位層の得点は低下していないものの，成績が平均以下の層の得点が低くなり，成績中位層の生徒の割合が減って，成績低位層の割合が増えたためである。

PISAではまた，生徒の家庭背景，社会経済的な背景が成績に及ぼす影響についても調査をしている。PISA2003の結果を図6-1で示そう。図6-1が示しているとおり，わが国では，生徒の家庭背景，社会経済的な背景が数学的リテラシーの得点に及ぼす影響は比較的弱い。PISA2000の結果も，わが国の生徒の家庭背景，社会経済的な背景と読解力の得点について同様の傾向を示している。

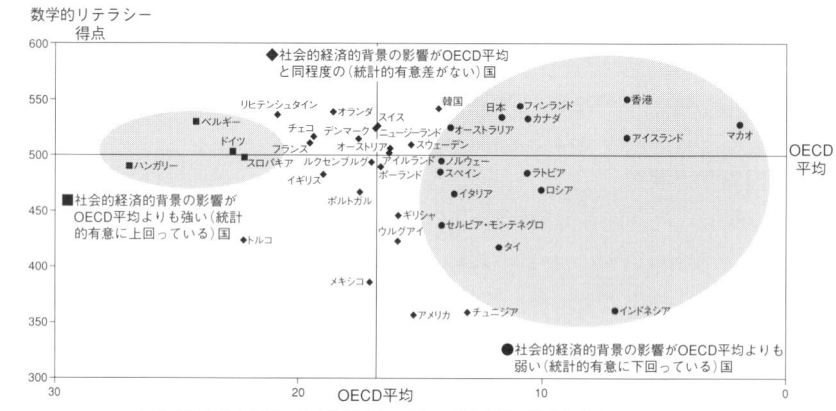

図6-1 数学的リテラシーの得点と社会経済的な背景の影響

出典：国立教育政策研究所（2004）295頁の図を基に作成。

　以上で示したわが国の生徒に関するPISAの結果は，基礎学力を身につけさせるとともに，階層化の進行を防ぎ，機会の均等の実現に寄与するという学校教育の社会的役割に照らして，積極的に評価できる。成績に及ぼす家庭背景，社会経済的な背景の影響が強ければ強いほど，社会の階層化が進行し，格差が拡大・固定化されていくことにつながると考えられる。

　日本の教育システムは，世界的に高いレベルの学力を身につけさせつつ，教育の平等を他の国々に比べて比較的よく実現しているグループに属していると言える。

　もちろん，PISAは生徒の学習到達度の内，学校教育で身につけた部分と学習塾や家庭など学校以外で身につけた部分とを区別してはいない。そもそも両者を区別して測定することは困難である。そのため，わ

が国の生徒の高い学力は，学習塾など学校以外での学習が大きな要因となっているという可能性はある。しかしながらPISA2003の結果からすると，その可能性は薄い。なぜなら，1週間あたりの学校内と学校以外での学習時間を比べると，わが国の生徒は，学校内で25.7時間費やしているのに対して，学校以外では6.4時間しか費やしていないからである。PISA2003の調査国での平均はそれぞれ25.9時間と8.9時間となっており，わが国の生徒の学校以外での学習時間は決して多くない。時間という尺度に照らすと，学力形成に学校教育が及ぼす影響は比較的強いと言える。

2．学校教育の社会的役割

(1)資質能力の育成と人材の配分機能

　前節で述べたように，学校教育には，基礎学力を身につけさせるとともに，階層化の進行を防ぎ，機会の均等の実現に寄与するという社会的役割がある。この社会的役割を個々の子どもの立場から捉え直してみよう。個々の子どもの立場からすると，学校というものが存在し，学校に自らが行くことは，将来自らが望む進路に進み，職業に就き，地位を獲得する上で役に立つとともに，職業や地位をめぐる競争を公平なものにする上でも役に立つ。これは，「なぜ学校に行くのか」という問いへの一つの答えとなっている。

　学校教育が個々人の進路や職業，地位の獲得に役立つことには，二つの側面がある。第一に，変化の激しい今日の社会の中で，個々人が多様な選択肢の中から進路を考え，選択し，自らの職務を遂行する上で必要な資質能力を育成するという面がある。どのような道を選ぶかによって必要な資質能力は異なってくるものの，どのような進路に進むかに関わりなく，一般的に必要とされる基礎的な資質能力も存在する。例えば，

前節で触れた PISA が測定しようとしている読解力，数学的リテラシー，科学的リテラシー，問題解決能力といった能力がそうである。先にも触れたように，現在のわが国の学校教育では，どの子どもにも身につけさせるべき資質能力として，「確かな学力」と「生きる力」が重視されている。「確かな学力」と「生きる力」については，次節であらためて検討する。

　第二に，学校教育にはカリキュラムや学校類型の分化，評価と選抜などを通して，個々人を社会のさまざまな部分へと振り分けていく側面もある。これは，人材の配分機能と呼ぶことができる[2]。どのような学校で何を学ぶのかということは，現に，個々人の進路や職業，収入，地位などに大きな影響を及ぼしている。個々人は学校教育を通じて，自らの資質能力や適性，興味の方向性などを見極めつつ，労働市場に参入している。そして，企業などの雇用主は，個々人の資質能力や適性を判断する手がかりとして，学歴を利用している。学校教育が持つ人材の配分機能は批判の対象となることが多い。しかしながら，学校教育が個々人の人生にとって有用であろうとすると，卒業後の進路や職業，地位に影響を及ぼし，労働市場における競争に影響を与えることにならざるをえない。むしろ問題は，職業や地位をめぐる競争が公正なものとなっているかどうかである。

　以上のように，学校教育はまず，個々人の資質能力を育成するとともに，人材を配分する社会的役割を果たしている。そのため，不登校の子どもや不就学の外国籍の子どもなど学校に行っていない子どもは進路や社会的自立という面で不利な立場に立たされることになる。2005年度に年間30日以上休んだ不登校の小中学生は約12万2,200人となっている。小学校では約2万2,700人，中学校では約9万9,500人であり，それぞれ小学生の0.32％，中学生の2.75％にあたる。そして，「不登校に関する

実態調査（平成5年度不登校生徒追跡調査報告書）」によれば，不登校経験者は中学を卒業して就業する者が28％と多く，高校等に進学する者は65％に過ぎない。しかも，中学卒業後に就業も就学もしていない者が13％となっている。高校に進学した場合でも38％が中退しており，中学卒業5年後の時点で就学・就労ともにしていない者が23％にものぼる。

不就学の外国籍の子どもの場合，不登校の子どもよりも一層厳しい立場に立たされることが推測できる。日本では，外国籍の子どもに就学義務が課されていない一方で，1980年代後半から外国人の数が年々増加してきた結果，相当程度の子どもが学校に在籍せず，学校教育を受けていない状態になっている。そして，文部科学省が2005年度から2年間，不就学外国人児童生徒支援事業を行い，市町村レベルでの実態調査と就学支援の取り組みを支援するなど，不就学問題への対応は，日本の学校教育にとって大きな課題となっている。

(2) 機会の均等への貢献

学校教育は職業や地位をめぐる競争を公正なものとし，機会の均等を実現することにも貢献している。機会の均等とは，形式的には，教育の機会や雇用の機会がすべての人に開かれており，人種や性別，社会階層などを理由にした差別がないことを意味する。例えば，人種や性別，社会階層を理由にして，特定の人びとに大学教育を受ける機会を与えなかったり，ある職業に就くことを認めていない社会においては，機会の均等が実現されていないことになる。しかしながら，今日では，こうした形式的な機会の平等だけでは不十分だとの認識が広まっている。そして，機会の平等の実現のためには，次の条件を満たす必要があると考えられている。すなわち，「同じレベルの才能・能力を持っており，かつ，同じくらい努力しようとしている人びとは，同じだけの成功の見込みを持たなければならない」という条件を[3]。この条件を満たす社会こ

そ，公正な競争の場を提供しているといえる。

では，学校教育はどのような形で，機会の均等の実現に貢献しているのだろうか。この点を明らかにするために，学校というものが廃止された社会を想像してみよう。家庭が裕福で，保護者が教育熱心である場合には，保護者自身が子どもに文字を教えたり，寝る前に本を読んだり，家庭教師を雇って勉強させたり，学習塾に通わせたりと，子どもに多くの教育資源を費やすことになるだろう。しかしながら，家庭が貧しく，保護者が教育を軽視している場合には，子どもに費やされる教育資源はずっと少ないものになるであろう。したがって，どの家庭に生まれてくるかによって，どれぐらいの教育資源を受けられるかに大きな差が出てきてしまう。現代の社会においては，どれだけの教育資源を受けるかが職業や地位をめぐる競争での成功具合に大きく影響している。学校が廃止された社会においては，どの家庭に生まれるかによって，子どもが受け取る教育資源に大きな格差が生じることになり，子どもの成功具合に大きく影響を与えることになるため，社会の階層化が進行していくことになるだろう。そのような社会での競争は，公正なものとはほど遠い。

もちろん，学校教育の存在だけで，職業や地位をめぐる競争を完全に公正なものとし，機会の均等を完全に実現することは難しい。なぜなら，機会の均等の実現には，教育資源の平等以外にも多くの要因が関係しているからであり，また，子どもは，学校外でも多くの教育を受けているからである。しかしながら，日本を含む先進国においては，相当程度の社会資源が学校教育に費やされており，子どもは相当程度の時間を学校で過ごしている。学校が廃止された社会と比較するならば，学校教育の存在は機会の均等に大きく貢献しているといえる。

学校教育の社会的役割としては，個々人の資質能力を育成し，人材を配分し，機会の均等に貢献することにとどまらず，他にも挙げていくこ

とができよう。例えば，学校教育は個々人の資質能力を育成することを通じて，経済の発展に貢献したり，環境保全や持続可能な開発に貢献したり，さらには健全で正義にかなった民主主義社会や差別のない多文化共生社会の実現に貢献することができる。そして，現に学校教育はこうした将来社会の実現に貢献するという社会的役割を果たしている。ここで問題になるのは，どのような将来社会を構想し，どのような資質能力を学校教育を通じて育成していくのかである。

3．「確かな学力」と「生きる力」

　現在の日本の学校教育は，すべての子どもに身につけさせるべき資質能力として「確かな学力」と「生きる力」を重視するようになっている。「確かな学力」と「生きる力」とは別々のものではなく，「確かな学力」は，「生きる力」を構成する三つの要素の一つとされている。すなわち，「生きる力」は「確かな学力」に加えて，「豊かな人間性」と「たくましく生きるための健康や体力」とからなるものとされている。そして，「豊かな人間性」については，「自らを律しつつ，他人とともに協調し，他人を思いやる心や感動する心など」と説明されている[4]。

　では，「確かな学力」とはどのようなものなのだろうか。2005年10月の中央教育審議会答申は，基礎的な知識・技能の育成（いわゆる習得型の教育）と，自ら学び自ら考える力の育成（いわゆる探求型の教育）とを対比させつつ，この両方を総合的に育成することを提唱している。つまり，基礎的な知識・技能と自ら学び自ら考える力との両方を合わせたものとして「確かな学力」を捉えている。そして，「確かな学力」を育成するため，「読み・書き・計算」などの基礎的な知識・技能を徹底して身につけさせることと，子どもにそうした知識・技能を活用させ考えさせる教育によって，自ら学び自ら考え行動する力を育成することを重

視するよう求めている。

　文部科学省は，2002年1月に「確かな学力向上のための2002アピール『学びのすすめ』」を発表して以来，「確かな学力」を重視し，学力向上フロンティア事業を行い，スーパー・サイエンス・ハイスクールとスーパー・イングリッシュ・ランゲージ・ハイスクールを募集するなど，さまざまな取り組みを行っている。そして，2002年4月から小・中学校で全面実施されていた新しい（現行の）学習指導要領についても，「確かな学力」を育成するというねらいの一層の実現を図るためとして，2003年12月に一部改正を行っている。

　第1節でも触れたように，現行の学習指導要領は，「ゆとり」の中で「生きる力」を育成することを大きなねらいとしている。このねらいは，1996年7月の中央教育審議会答申で提唱されたものである。1996年7月の答申は，「生きる力」の三つの要素のうちの一つについて，「いかに社会が変化しようと，自分で課題を見つけ，自ら学び，自ら考え，主体的に判断し，行動し，よりよく問題を解決する資質や能力」と説明している。そして，「生きる力」を育成するため「知識を一方的に教え込むことになりがちであった教育から，子どもたちが，自ら学び，自ら考える教育への転換を目指す」ことを強調している。1996年7月の答申では，「確かな学力」というキー・ワードは使われておらず，基礎的な知識・技能よりも自ら学び考える力の方に力点が置かれている。この自ら学び自ら考える力を育成するための目玉として設けられたのが，総合的な学習の時間であった。現行の学習指導要領では，各学校は総合的な学習の時間において，例えば，国際理解，環境，福祉・健康といった複数の教科をまたがる課題や生徒の興味・関心等に基づく課題などについて創意工夫を生かした教育活動を行うこととなっている。

　総合的な学習の時間を含む現行の学習指導要領に対しては，第1節で

述べたように,「学力低下」をまねくものだとの厳しい批判がよせられている。本節で見てきたように,2002年から文部科学省も「確かな学力」を重視するようになり,自ら学び自ら考える力と同等かそれ以上に基礎的な知識・技能を強調するようになっている。2005年10月の中央教育審議会答申は,「確かな学力」を育成し「生きる力」をはぐくむために現行の学習指導要領をさらに改善することを提唱しており,今後,さまざまな改革が行われていくことが予想される。こうした教育改革の動向を見定め,改革の成果を評価していくためには,(第2節で明らかにした)学校教育の社会的役割についての理解が役に立つことであろう。第1節で述べたように,基礎学力を身につけさせるとともに,階層化の進行を防ぎ,機会の均等の実現に寄与するという学校教育の社会的役割に照らすと,日本の教育システムは,世界的に優れたものとなっている。この優れた点を今後も維持できるかどうかが,教育改革の成否を判断する上での重要な判断基準となることであろう。

《註》
1) PISAについては,OECDのウェブサイト (http://www.pisa.oecd.org) に各種の報告書が掲載されている。また,PISA2003の結果のまとめは,国立教育政策研究所編 (2004) として出版されている。
2) 広田,2004年,11-12頁。
3) Rawls, 1999, p.63.
4) 中央教育審議会答申,1996年。

●参考・引用文献
① 現代教育研究会『不登校に関する実態調査(平成5年度不登校生徒追跡調査報告書)』,2001
② 国立教育政策研究所編『生きるための知識と技能2』ぎょうせい,2004
③ 中央教育審議会答申「21世紀を展望した我が国の教育の在り方について

（第一次答申）」(http://www.mext.go.jp/b_menu/shingi/12/chuuou/toushin/960701.htm), 1996
④中央教育審議会答申「新しい時代の義務教育を創造する」(http://www.mext.go.jp/b_menu/shingi/chukyo/chukyo0/toushin/05102601.htm), 2005
⑤内閣府「学校制度に関する保護者アンケート調査結果」(http://www.kisei-kaikaku.go.jp/publication/2005/1007_02/item051007_02_02.pdf), 2005
⑥広田照幸『教育』岩波書店, 2004
⑦文部科学省「義務教育に関する意識調査中間報告書」(http://www.mext.go.jp/b_menu/houdou/17/06/05061901.htm), 2005
⑧ Rawls, J. *A Theory of Justice* (first published 1971), revised edition, 1999, Oxford University Press.

●学習課題
(1) 現代社会において学校が果たしている役割を400字程度でまとめてみよう。
(2) 日本の学校教育の優れている点と問題点を考えてみよう。
(3) 文部科学省のウェブサイトで「確かな学力」と「生きる力」について説明している資料を探し、それぞれの育成に向けてどのような政策や取り組みが行われているのかを整理してみよう。

7 多文化社会と市民性の育成

片山　勝茂

《ポイント》 近年の大きな社会変化の一つは，多文化社会の進展である。そして，（人種間の対立を含む）多文化社会の現実への対応として，市民性の育成が改めて注目されている。主に日英の市民性教育の状況を比較しながら，多文化社会における教育のあり方を考える。
《キー・ワード》 1. 多文化社会　2. シティズンシップ　3. 市民性　4. 市民性教育　5. 多様なアイデンティティ　6. 多文化共生

1. シティズンシップの三つの意味

　近年，日本や英国を含む世界各国で，地域にさまざまな文化的背景をもつ人びとが生活する多文化社会が進展してきている。そのため，多文化社会にふさわしいシティズンシップのあり方が模索されている。本章ではまず，シティズンシップの三つの意味を整理する。その上で，主に日英の市民性教育の状況を比較しながら，多文化社会における教育のあり方を考えることにしたい。そして最後に，日本と英国での市民性教育の捉え方の違いを検討したい。
　シティズンシップという言葉は主に，次の三つの意味で用いられる。すなわち，
　　①市民権
　　②市民のあるべき姿（市民性）
　　③市民性の教育
の三つである。

一つ目の市民権の意味でのシティズンシップは，法律上の資格を指す。例えば，イギリスの首相トニー・ブレア氏は，イギリスの市民権を持ち，本章の執筆者は，日本の市民権を持っている。ただし，日本では法律上，市民権ではなく国籍という言い方をする。市民権としてのシティズンシップは，ある特定の国や地域の成員であることを指すとともに，市民としての一定の権利と義務をも指す。例えば，選挙で投票する権利や納税する義務などが含まれる。そして，多文化社会が進展するにつれて，多文化社会にふさわしい市民権のあり方が模索されるようになっている。例えば，移民に対してどのような条件で市民権を与えるべきかや，移民や少数民族が主張する固有の文化や言語への権利をどこまで市民権として認めるかが問題になっている。

　二番目の市民性という意味でのシティズンシップは，模範となる理想，市民のあるべき姿を指す。もう少し具体的には，民主的社会の形成者たる市民として備えておくべき資質能力や，政治や公的領域，社会活動，地域活動などに積極的に関与することを意味する。後者の「積極的関与」の側面を強調したいときにはしばしば，アクティブ・シティズンシップという言い方をする。また，地球社会の一員として求められる資質能力や役割を強調する場合には，グローバル・シティズンシップという言い方がされる。

　シティズンシップの三番目の意味は，市民性の教育である。用例を一つ，英国の国家カリキュラムから引用しよう。

　　シティズンシップは生徒に，生徒が地域や国，国際社会で積極的な役割を果たしていくために必要な知識，技能，理解を与える。また，生徒が広い知識を持ち，思慮があり，責任感のある市民となり，自らの義務と権利を自覚するのを助ける[1]。

この引用は，市民性の教育としてのシティズンシップのねらいとして，必要な知識や理解，技能を備えつつ，政治や社会活動，地域活動などを通して積極的に社会に参画する市民の育成をうたっており，英国の市民性教育が念頭においている市民のあるべき姿（市民性）をある程度明らかにしている。

2．英国の市民性教育の現状と背景

(1)英国の市民性教育の現状

　英国（厳密にはイングランドのみ）では，2002/03年度から，中等学校でシティズンシップが必修科目となっている。第7学年から第11学年，11歳から16歳までの生徒が対象である。第1学年から第6学年までの児童に対してもシティズンシップを教えることが奨励されているが，必修ではない。

　英国の各学校を監査し，評価書を作成している教育水準局（Ofsted）は，2005年に市民性教育の実施状況に関する報告書を出した。報告書によれば，2003/04年度に市民性教育が満足に行われていない学校は25％にのぼったという[2]。そして，中等学校の科目の内で，最もうまくいっていないのがシティズンシップだという。

　市民性教育があまりうまくいっていないことを示すデータには，次に示す面接調査結果もある。この調査は，教育水準局がある世論調査機関に委託したもので，2004年12月に教員および14歳から16歳の生徒を対象にして面接調査が行われた[3]。

　調査によれば，10人に一人の生徒はシティズンシップの授業が何であるのかを知らなかったという。残りの生徒にシティズンシップの授業でもっとも印象に残っているものを聞いたところ，全体の17％にあたる生徒が何もないと答えた。全体の26％にあたる生徒はわからないと答え

た。つまり，半数以上の生徒が，市民性教育が何であるのかを理解していないか，何を学んだかの具体例を挙げられなかったのである。

　もちろん，うまくいっている事例もある。例えば，教育水準局の長官であったデイヴィッド・ベル氏は，二つの優れた（中等学校の）実践例を紹介している[4]。一つ目の例は，ダービシャー州デインコート校の実践である。視学官が見た授業では，生徒が多文化社会であるイギリス社会について質の高い議論をしていた。議論の中で，ある生徒は「私たちは英国人であることを誇りに思います。英国人であることは，新しい考えに進んで耳を傾けることを意味しているからです」と発言していたという。もう一つの例は，グリニッジのエルタム女学校である。この学校は，シティズンシップ専門の先生がおり，1週間に1度，1時間の授業が確保されている。授業では例えば，政府の最優先事項（政策）について考察したり，選挙のためのマニフェストを書いたりしているという。

　以上からもわかるように，英国では，市民性教育はまだまだ始まったばかりであり，うまくいっていない場合が多い。専門の先生も少なく，時間割の中に必ずあるわけでもない。歴史や英語，地理，アートといった他の教科を通じて教えられている場合が多い。

　また，シティズンシップに限らず他の教科にもいえるが，英国には，日本のような教科書検定制度はない。シティズンシップでどのような教材を用いるか，あるいは用いないかは，学校や教員によってさまざまである。

(2)シティズンシップ必修化の背景

　次に，シティズンシップが必修化された背景を見てみよう。主たる要因を二点挙げたい。第一の要因は，若い人びとが示す，政治や公的領域，社会活動，地域活動への無関心である。第二の要因は，人種間の対立である。

第一の要因の証拠としてよく持ち出されるのが，総選挙への投票率の低下である。1992年には77.7％あったにもかかわらず，2001年には第二次世界大戦後最低の59.4％に落ち込んだ。2005年に少し上がったが，61.3％であった。そして，若い年代ほど投票率が低い。

　ただし，市民性教育が投票率の向上にどこまで効果があるかは難しい問題である。日本では第二次世界大戦後，1947年に社会科が新設されて以来，さまざまに名前を変えながらも，公民教育に相当する教科が必修とされてきた。しかしながら，衆議院選挙の投票率を見ると，英国よりも低い水準で推移してきている。そして，1990年に73.3％あったものが，1996年には戦後最低の59.7％にまで落ち込んでいる。2005年は郵政民営化の選挙となったために上昇したが，それでも67.5％にとどまっている。そして，英国と同様，若い世代ほど投票率が低い。

　また，先に挙げた英国での面接調査によれば，下院での政党の勢力関係を正しく答えられる生徒は四人に一人であった[5]。また，それぞれの政党がどのような主張をしているのかをもっとよく知ることが大事だと思っていないものは，45％にのぼった。さらには，生徒の大半，70％はヴォランティア活動にも，地域の活動にもなんら参加していないという。

　第二の要因である人種間の対立も見ておこう。英国は多人種，多文化，多宗教の国であり，多様性がキー・ワードとなっている。そして残念なことに，人種間の対立がときに暴動にまで発展する。ブラッドフォード，オールダム，バーンリーといったイングランド北部の街では，2001年夏にすさまじい暴動が起こった。この暴動の一因となったのは，異なった人種や民族の人びとが交じり合うことなく，それぞれ別々のコミュニティを作って生活しているという状況であった。

　多文化社会には，多様な文化的，宗教的，民族的アイデンティティを

持った人びとが存在している。英国の市民性教育では,生徒にこうした多様なアイデンティティについて学ばせ,相互尊重と相互理解の必要性を理解させることになっている[6]。また,多様なアイデンティティが存在するようになった原因と,多様なアイデンティティの存在がもたらす影響についても学ばせることになっている。実際,地域の団体や他の学校と共同で市民性教育のプロジェクトに6週間にわたって取り組むことで,地域の多様性と歴史についての理解を深め,学習成果を本とCDにまとめ,地域に見られる(人種や民族間の)緊張関係を緩和させようとした実践例が報告されている[7]。

3．日本における多文化社会の進展と市民性の教育

(1)日本における多文化社会の進展と市民性教育の役割

近年,日本でも市民性教育への関心が高まりつつある。例えば,2006年には経済産業省から,英国の事例などを参考にしつつ,日本でもシティズンシップ教育を導入すべきだという報告書が出されている。

日本においても,英国と同様に,社会に存在している多様なアイデンティティについて学び,寛容と相互尊重の精神を培うことは大事であろう。また,日本でも英国でも,移民や外国人労働者の受け入れ方が社会的,公共的な課題となっている。そこで,多文化社会における市民性教育の取り組みとして,移民や外国人労働者の受け入れの拡大の是非について議論したり,移民や外国人(労働者やその家族)の権利と,受け入れ地域,社会の責任を考察するといったものが考えられる。

さて,英国と異なり日本の場合,多文化社会といえるのかどうかを疑う人もいることだろう。確かに,日本は,従来,他の先進諸国と比べて移民の受け入れに消極的であり,厳しい制限を行ってきた。しかしながら,日本の公民教育では,日本が多文化社会になりつつあることを積極

的に認めるようになっている。例えば、日本の中学3年生の多数が使用している公民の教科書には、身のまわりの事例から多文化社会の現状と問題点を考えてみようという単元がある[8]。教科書に書かれている通り、1980年代後半以降、日本の経済発展や出入国管理法の改正などの結果、外国人の数は年々増加している。2004年末の時点で、日本で暮らす外国人登録者の数は197万人3,747人と、総人口の1.55％にまでなっている。これは10年前に比べて、45.8％もの増加である。

日本でも、英国と同様、地域によって人口に占める外国人の割合には大きなばらつきがある。例えば、群馬県大泉町では人口の約16％にまで達している。そして、外国人住民の多い地域では、駐車やゴミ出し、騒音など生活習慣の違いから起こる地域住民との摩擦も現に生じている。日本政府は現在、医療・介護などの分野で外国人労働者の受け入れを拡大する方針を示しており、今後地域住民との摩擦が増大することや、ゆくゆくは移民排斥を唱える極右政党が出現することなどが十分予測される。実際、移民を日本よりも積極的に受け入れてきた英国やフランス、ベルギーなどでは、極右政党が徐々に勢力を増しつつある。そのため、地域における多文化共生を進めていくことが大きな政策課題となっている。多文化共生を推進する上では、「国籍や民族のちがいにかかわらず、誰もが日本社会そして地域社会の構成員であることを学ぶことが重要」となる[9]。これはまさに、多文化共生の視点に立って市民性を育成することだと言えよう。

(2) 多文化共生の視点に立った市民性教育

それでは、日本で多文化共生の視点に立った市民性教育を行う上で参考になる実践例やプログラムを、二つほど見てみよう。

まず、横浜市いちょう小学校の実践例を見てみよう[10]。いちょう小学校は、2004年度の段階で全校児童215人に占める外国籍児童の割合が

38％で,外国につながる児童の割合では53％となっている。2000年度,6年生の総合的な学習の時間に,多様なアイデンティティを持つ子どもが「それぞれの国の戦争」について調べる取り組みが行われた。実際の学習では,日本,中国,ベトナム,カンボジアのグループに分かれて本を調べたり,さまざまな地域で「戦争」を経験した(自分の保護者や祖父母を含む)地域の大人にインタビューを行ったりした。こうした学習の背景には,いちょう小学校に多様なアイデンティティを持つ子どもがいることと戦争とがはっきりつながっているという事情があったという。

この取り組みは,いちょう小学校の地域に多様なアイデンティティが存在する原因への理解を深めさせるものとなっており,市民性教育という名前では呼ばれていないものの,英国の市民性教育の基準を満たすものとなっている。

第二に,先に挙げた中学3年生の公民の教科書にある,多文化社会の現状と問題点を考える単元を見てみよう。この単元は,身近な地域の多文化マップをつくることを推奨している。さらには,市町村やNGO/NPOが外国人や外国人児童生徒に行っている学習支援について調べることや,日本で暮らしている外国人の選挙権や被選挙権の問題について各自の意見を出し合って議論することも推奨している。こうした学習活動も,社会的,公共的な問題への生徒の関心を高めるものであり,積極的に社会に参画し,社会的,公共的な問題の解決に寄与する市民に必要な探究とコミュニケーションの技能を磨くものであるので,市民性教育と呼んでよい。

4．日本と英国での市民性教育の捉え方の違い

本章の最後に,日本と英国での市民性教育の捉え方の違いを検討して

おきたい。

　前節で言及した経済産業省の報告書は，国内でのシティズンシップ教育のプログラムの事例として，品川区の市民科を挙げている。品川区では道徳・特別活動・総合的な学習の時間を市民科に統合し，2006年度から区内の全ての小・中学校で市民科学習を実施している。品川区の説明によれば，市民科はまさに市民性教育の場として捉えられている。すなわち，「本区では，『市民』を広く社会の形成者という意味でとらえ，社会の構成員としての役割を遂行できる資質能力とともに，確固たる自分を持ち，自らを社会的に有為な存在として意識しながら生きていける『市民性』を育てる学習として」，市民科を設置したのだという[11]。

　品川区の市民科では，英国の市民性教育よりもずっと広い範囲の資質能力を「市民性」として育成しようとしている。例えば，品川区の市民科では，友達との関わり方や相手への気持の伝え方，ストレスへの対応といった単元が設定されている[12]。こうした内容の単元は，英国では，市民性教育ではなく，人格・社会性・健康教育（Personal, Social and Health Education）で扱うべきものと位置づけられている。

　第二節で述べたように，英国の市民性教育はまだ始まったばかりであり，あまりうまくいってはいない。そのため，現状では市民性教育と人格・社会性・健康教育とをきちんと区別していない実践も多い。しかしながら，教育水準局は一貫して，市民性教育が社会的，公共的な問題を取り扱うのに対し，人格・社会性・健康教育は個人的，私的な問題を取り扱うとして，両者を区別するように各学校に要求しており，今後は区別が明確になっていくことと予想される[13]。

　また，英国の市民性教育は，日本の社会科で扱う内容を多く含んでいる。例えば，選挙制度と投票の意義や，人権，裁判制度，中央政府と地方政府の役割，EU（ヨーロッパ連合）と国際連合の役割といったもの

は，日本の社会科で長年扱われてきたものである。したがって，品川区のように市民科を特設せずとも，英国の市民性教育の優れた点を日本の社会科教育の中で活かしていくことも可能であろうし，逆に，日本の社会科教育の蓄積を英国の市民性教育の発展に活かすことも可能であろう。

　今後，日本においても，品川区に続いて市民性の教育を推進しようとする自治体が増えていく可能性は高い。例えば，横浜市では，2009年度から，従来の総合的な学習の時間を核として，道徳と特別活動及び関連する教科に横断的に取り組む「市民・創造科（仮称）」を創設し，全市立学校で実施する計画を立てている。日本と英国における市民性教育の成否を判断していく際には，日本と英国での市民性教育の捉え方の違いを把握しておくことが必要である。その上で，市民性教育の実践が（人種間の対立を含む）多文化社会の現実に対応するべく，多文化共生を推進するものとなっているかどうかが一つの重要な判断基準となるであろう。

《註》
1）DfEE & QCA, 1999, p.183.
2）Ofsted, 2005a, p.4.
3）Ofsted, 2005b.
4）Bell, 2005a, pp.6-7.
5）Ofsted, 2005b.
6）DfEE & QCA, 1999, pp.184-185.
7）Bell, 2005b, p.3.
8）五味文彦・斉藤功・高橋進他, 2006, pp.22-25.
9）総務省, 2006, p.19.
10）山脇啓造・横浜市いちょう小学校編, 2005, pp.122-125.
11）品川区教育委員会, 2005, p.21.

12) 経済産業省, 2005, pp. 50-53.
13) Ofsted, 2005a, p. 6; 2006, pp. 24-25.

●参考・引用文献
① 経済産業省「シティズンシップ教育と経済社会での人々の活躍についての研究会報告書」(http://www.meti.go.jp/press/20060330003/20060330003.html), 2005
② 五味文彦・斉藤功・高橋進他『新編新しい社会　公民』東京書籍, 2006
③ 品川区教育委員会『小中一貫教育要領』講談社, 2005
④ 総務省「多文化共生の推進に関する研究会報告書」(http://soumu.go.jp/s-news/2006/060307_2.html), 2006
⑤ 山脇啓造・横浜市いちょう小学校編『多文化共生の学校づくり：横浜市立いちょう小学校の挑戦』明石書店, 2005
⑥ Bell, D. (2005a) *Citizenship: Hansard Society Lecture*, a speech delivered at the Hansard Society on 17th January 2005. Available on the Ofsted website, http://ofsted.gov.uk.
⑦ Bell, D. (2005b) *Citizenship through Participation and Responsible Action*, a speech delivered at the Barclays New Futures Conference on 15th November 2005. Available on the Ofsted website, http://ofsted.gov.uk.
⑧ DfEE & QCA (1999) *The National Curriculum: Handbook for Secondary Teachers in England. Key Stages 3 & 4* (London: The Stationery Office).
⑨ Ofsted (2005a) *Citizenship in Secondary Schools: Evidence from Ofsted Inspections (2003/2004)*, http://ofsted.gov.uk/ HMI 2335, 17th January 2005.
⑩ Ofsted (2005b) *Howard and Kennedy fail to attract pupils' attention in Ofsted citizenship survey*, http://ofsted.gov.uk/ NR 2005-05, 17th January 2005.
⑪ Ofsted (2006) *Towards Consensus? Citizenship in Secondary Schools*, http://ofsted.gov.uk/ HMI 2666, September 2006.

＊学習課題
⑴身近な地域で多様な文化の存在を示すもの（外国語で書かれた看板や広報誌，外国人の人向けの商品やお店など）を探し，多文化社会の進展具合を調べてみよう。
⑵日本と英国の市民性教育を比較して，共通点と違いをまとめてみよう。
⑶移民や外国人労働者の受け入れの拡大についての賛成論と反対論とを調べた上で，多文化社会で市民性教育が果たすべき役割について考えてみよう。

8
教育課程と学力観

深堀　聰子

《ポイント》 学校の教育目標を達成するために編成されているのが，教育の全体計画としての教育課程である。そして，教育課程に示された教育内容をどの程度習得しているかによって規定されるのが，学力である。学力にかかわる社会の考え方がどのように変容してきたのかを明らかにし，教育課程のあり方を探る。
《キー・ワード》 1.教育課程　2.カリキュラム　3.学習指導要領　4.教科書　5.学力観　6.系統主義　7.経験主義　8.学力低下論争

1．教育課程とは何か

(1)教育課程の構造

　学校がその教育目標を達成するために，児童生徒に対して教授すべき内容を体系化した教育活動の全体計画が，教育課程である。したがって，教育課程は，学校教育を通して児童生徒が獲得すべき「学力」の中身を定義するものである。それゆえ，教育課程のあり方は，子どもたちにどのような知識・技能・態度を，どのような方法で習得させるべきなのかについての考え方，すなわち，「学力観」によって，大きく異なってくる。この講義では，教育課程のあり方とそれを支える学力観について検討してみよう。

　はじめに，教育課程に関する基本的事項を整理する。次に，教育課程編成の基準となる学習指導要領の変遷をたどることによって，教育課程とその背後にある学力観の変容を概観する。さらに，近年の学力低下論

争で浮き彫りになっている学力観の対立について整理し，最後に，今後の教育課程のあり方について考察する。

「教育課程」の原語である「カリキュラム」は，「競争路のコース」を意味するラテン語の語源から転じて，16世紀ごろより学校で教えられる教科，内容，時間配当など，学校の教育計画を意味する用語として，西洋社会で使われるようになった。

日本では明治時代以降,「教科課程」や「学科課程」という用語が使われるようになり，第二次世界大戦後より,「教育課程」が公式用語として採用されるようになった。その背景には，学校の教育活動を狭く教科学習に限定する考え方から，広く学級活動，生徒会活動，クラブ・部活動，学校行事をはじめとする教科外活動（特別活動）も含むとする考え方への転換があった。

教育課程の構造に，注目してみよう（図8-1参照）。教育課程には，各教科，道徳，特別活動，および「総合的な学習の時間」（以下，各教科等）の4領域が設定されており，それぞれの領域について，教育目標，教育内容（範囲・スコープ），排列（順序・シーケンス），時間配分が定められている。このスコープとシーケンスの交差する部分が，学習内容の有機的な一まとまりとしての「単元」であり，年間指導計画は通常，各単元を配置するかたちで決定されている。

ところで，教育課程が各教科等における教育目標を達成するために意図的・計画的に準備される教育活動の全体計画であるのに対して，より幅広く児童生徒が学校で習得する内容の総体を「カリキュラム」という用語でとらえる場合もある。そこでは，教師等によって体系的・明示的に準備される「顕在的カリキュラム」だけでなく，教師等の意図に関わらず，暗黙のうちに子どもたちの発達や学習に働きかける「潜在的（隠れた）カリキュラム」にも焦点があてられる。この講義では，主として

図8-1　教育課程の構造

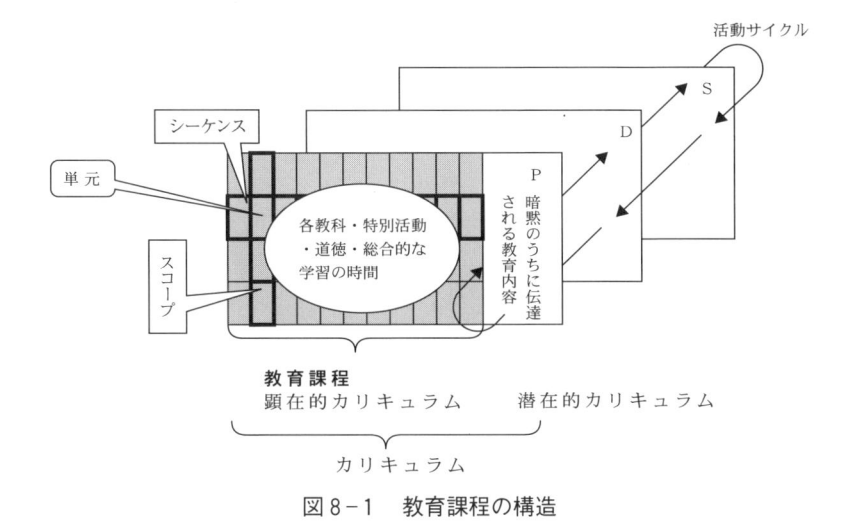

意図的・計画的な教育活動に注目するため，教育課程という用語を統一的に用いる。

なお，教育課程を教育目標達成に向けた教育活動の全体計画にとどまらず，計画にもとづく実践と評価を統合した営みとしてとらえる立場もある。すなわち教育活動は，「P」（計画・立案としてのplan），「D」（実践・実行としてのdo），「S」（評価・点検としてのsee）から構成される一連の教育経営プロセスとみなされる。そして，教育課程を教育計画の立案（P）の次元だけでとらえるのは不十分であり，実践（D）と評価（S）の次元を含む活動サイクルとしてとらえ，PDSのズレに焦点をあてることで教育改善を図る必要性が強調される。教育計画はいかに実践され，その結果として教育目標はいかに達成されたのか，計画や実践にいかなる問題点があったのかという反省の上に，新たな教育計画がたてられるのである。この講義では，教育課程の計画の側面に注目す

るが，実践に対する評価の側面については，教育評価に関する講義のなかで検討する。

(2)教育課程編成の主体と基準

　教育課程は，だれ（主体）によって，何（基準）にもとづいて編成されているのだろうか。教育課程編成権が，文部科学大臣，教育委員会，校長のいずれにあるのかは，これまで議論が重ねられてきたが，今日では，一般に校長・教頭・教職員ら教育専門職から構成される職員会議にあると考えられている。したがって，教育課程編成の第一の主体は，児童生徒の教育に日々携わっている教師といえる。

　ただし，教師による教育課程編成のあり方は，大きく次の5つの要因に規定されている。

　教育課程を編成するにあたって，教師は，まず①児童生徒の教育ニーズや興味・関心を十分に考慮する必要がある。児童生徒の学習状況や生活の文脈を無視した教育活動は，その効果を充分に発揮しえないからである。教師はまた，②学校としてのまとまりにも配慮しなければならない。さらに近年では，学校評議員制（地域住民参画型の学校経営の仕組み）の導入に代表されるように，③保護者や地域住民の意向を反映することも重視されるようになってきた。

　教師は，これらの条件を満たしつつ，④学習指導要領にもとづいて教育課程を編成しなければならない。学習指導要領とは，文部科学省が公示する教育課程の国家基準であり，小・中・高等学校における教育内容と方法を詳細に示すものである（幼稚園における教育内容と方法は，幼稚園教育要領に示されている）。この学習指導要領が，日本国憲法や教育基本法に定められている，学問の自由と教育を受ける権利を侵害するものであるという批判をめぐって，繰り返し議論されてきた。今日では，学習指導要領は，教育の機会均等を確保するうえで必要であり，

表 8-1 学習指導要領の変遷

時　　期	学力観	機　能	特　徴
戦後の「新教育」期	経験主義	試案	社会科・自由研究
「人材開発」をめざした高度経済成長期	系統主義	法的拘束力をもつ大綱的基準（上限）	教育内容の精選・現代化
「ゆとり路線」を歩んだ低経済成長期	系統主義に経験主義を加味		学校裁量の時間 教育内容の厳選 総合的な学習の時間
学力低下論争後の「確かな学力」追求期		（最低基準）	発展的学習 習熟度別学習

「大綱的基準」としては合理的であるとして，その法的拘束力が認められている。

　学習指導要領にもとづいて作成され，教育課程編成にきわめて直接的に影響を及ぼしているのが，⑤教科書である。教師は，文部科学省による検定を通過した教科書を教科の主たる教材として使用することを義務づけられている。もっとも，教師は教科書を絶対視するのではなく，その専門性にもとづいて主体的に活用することを要請されており，補助教材を使用することも認められている。しかしながら，第二次世界大戦中の国定教科書時代に教育現場に植えつけられた教科書中心主義が，今日も根強く残っているのが現状であり，教科書をそのまま教育課程とする実践も珍しくない。

2．学習指導要領の変遷

　それでは，教師による教育課程編成の基準となる学習指導要領の性格は，歴史的にどのように変遷してきたのだろうか。またその背後には，

学力観のいかなる変容があったのだろうか。学習指導要領とそれを支える学力観の変容過程を明らかにすることは，教育課程のあり方を理解する上で，不可欠な作業といえる。

ここでは，第二次世界大戦以降を大きく，
　①戦後の新教育期
　②人材開発をめざした高度経済成長期
　③ゆとり路線を歩んだ低経済成長期
　④学力低下論争後の「確かな学力」追求期
の４つの時期に区分し，それぞれにおける学習指導要領の特徴を簡単に整理する。各時期の変わり目には，新たな学力観の台頭による学校教育の問い直しが行われてきた（表8-1参照）。

(1)戦後の新教育期における学習指導要領

最初の学習指導要領が頒布されたのは，第二次世界大戦後の1947年であったが，それ以前の状況について，簡単に振り返っておこう。

日本の近代学校における最初の教育課程は，教師ではなく，明治政府によって作成された学制「小学校則」（1872年頒布）であった。富国強兵をめざす政府によって重視されたのは，近代自然科学に傾斜した洋学中心の教育内容であった。

ところが，教育の国家目標についての明治天皇の勅令である「教育勅語」をうけて制定された「小学校教則大綱」（1891年）では，教育内容は「修身」科目を中心とする尊皇愛国の精神形成をめざすものに再編された。その後，第二次世界大戦下，天皇制国家主義教育が徹底されていったのは，周知の通りである。

第二次世界大戦後から1950年代の高度経済成長期に入るまでの新教育期には，この天皇制国家主義教育をあらため，「なすことによって学ぶ」ことを重視する経験主義の学力観にもとづく民主主義教育がめざさ

れた。それは，児童生徒が地域社会で経験してきたことを，学校における実験的・科学的方法に根ざした問題解決学習を通して，より豊かなものへと拡大成長させることによって，地域社会の問題を解決できる市民の育成をめざすものであった。

　最初の学習指導要領も，学習者が知識・技能を系統的に習得するだけではなく，問題解決プロセスを通して，自己にとって意味のあるものへと再編成することを重視する学力観に支えられていた。そのなかで新設された「社会科」と「自由研究」には，総授業時間の3割程度（小学6年）が配当され，新教育期の教育課程の中核科目として重視された。なお，新教育期における学習指導要領は，教師による教育課程編成の手引きとなる「試案」として位置づけられていた。

(2) 人材開発をめざした高度経済成長期における学習指導要領

　高度経済成長期に入ると，科学技術における人材開発を進める教育への社会的要請が強まった。そのなかで，新教育期の経験主義の学力観にもとづく教育は，学力低下を招くと厳しく批判され，1958年には，知識・技能の系統性を重視する学習指導要領（改訂）が，「試案」ではなく，文部省告示文書として公示された。以後，学習指導要領は教師による教育課程編成に対して，法的拘束力をもつ大綱的基準として位置づけられるようになった。

　なお，1968年改訂の学習指導要領でも，系統学習による基礎学力の習得を重視する学力観が貫かれ，教育内容の精選と現代化による水準の引き上げ，および授業時間数の増加がはかられた。

(3)「ゆとり路線」を歩んだ低経済成長期における学習指導要領

　石油危機を契機に高度経済成長期が終焉し，低経済成長期に入ると，ゆとりをもった成熟社会を希求する気運が高まった。また，教育内容の精選と現代化のもとでの「つめこみ教育」や激化する受験競争が，いわ

ゆる「落ちこぼれ」を生み，校内暴力などの学校荒廃の問題を招いたと危惧されるようになると，人間性重視の教育観が打ち出され，「ゆとり路線」が標榜されるようになった。

1977年の学習指導要領改訂では，中学校で「学校裁量の時間」（いわゆる「ゆとりの時間」）が設定され，高等学校では必修科目の弾力化と選択科目の拡充がめざされた。

また，1989年の学習指導要領改訂では，知識・技能の習得だけでなく，児童生徒の意欲・関心・態度，および思考力・判断力・表現力に裏づけられた自己教育力を重視する「新学力観」が打ち出された。その一環として，小学校低学年では，社会と理科に代わって「生活科」が新設され，体験を通して身近な社会や自然について学習し，生活に必要な知識や技術を習得することがめざされた。

そして1998年の学習指導要領改訂では，ゆとり路線の集大成として，基礎基本に重点をおいた教育内容の厳選（3割削減）を行う一方で，横断的・総合的な問題解決学習による新学力の育成をめざす「総合的な学習の時間」が導入され，総授業時間の1割程度（6年生）が割り当てられた。

(4) 学力低下論争後の「確かな学力」追求期における学習指導要領

この新学力観の導入は，1950年代に確立された系統主義教育の路線に，経験主義教育の手法を部分的に持ち込むことによって，つめこみ教育によって獲得された知識・技能に有機的な意味をもたせ，「生きる力」へと再構成する試みと解釈することができる。そして1999年に火蓋をきった，いわゆる学力低下論争は，複雑な利害意識と役割意識から展開されていたものの，その大局においては，伝統的な系統主義教育の基盤に経験主義教育の手法を持ち込むことに対する，系統主義を重視する立場からの異議申し立てとみることができる。

この学力低下論争後の2003年に一部改正された学習指導要領は，1970年代以降に推進されてきたゆとり路線を基本的に継承するものであるが，知識・技能の系統学習を軽視するものではないことを強調する形で，基礎学力重視の方向に重点を大きくシフトしている。ここでは，学習指導要領は従来のように超えてはならない「上限」ではなく「最低基準」として位置づけられている。また基礎基本の徹底と「総合的な学習の時間」の一層の充実による「知の総合化」，および児童生徒の個性や能力に応じた発展的学習，補充学習，習熟度別指導の導入による「確かな学力」の形成がめざされている。

3．学力低下論争における学力観の対立

　学習指導要領の1998年改訂を契機として，1999～2002年を中心に展開された学力低下論争は，その大枠においては，学力低下についての現状認識と，学力観の相違（系統主義 vs. 経験主義）に起因する対立とみることができる。学力は，教育課程を通して児童生徒が身に付ける知識・技能・態度の総体として操作的に定義することができるが，そもそも，学力にはどのような要素が含まれるのか。ここでは，まず学力の構造について考察した後に，学力の現状について既存のデータより得られる知見を整理する。そのうえで，学力低下をめぐる諸説が，学力について何を主張しているのかを明らかにする。

(1)学力の構造

　「学力」という言葉は，きわめて多様な意味合いを含んでいる。それは単に「学力テストの得点」をさす場合もあれば，「読み書き計算能力」，「論説力」，「生活能力」，「常識」などをさす場合もあり，統一的な定義がないまま，さまざまな文脈において柔軟に使い分けられている。学力低下論争においても，各論者がイメージしている学力は，一様では

図中:

測定しやすい学力

「新学力観」的な働きかけ

A. 知識・技能

B. 思考力・判断力・表現力

海面

C. 意欲・関心・態度

ブルーム的な働きかけ

測定しにくい学力

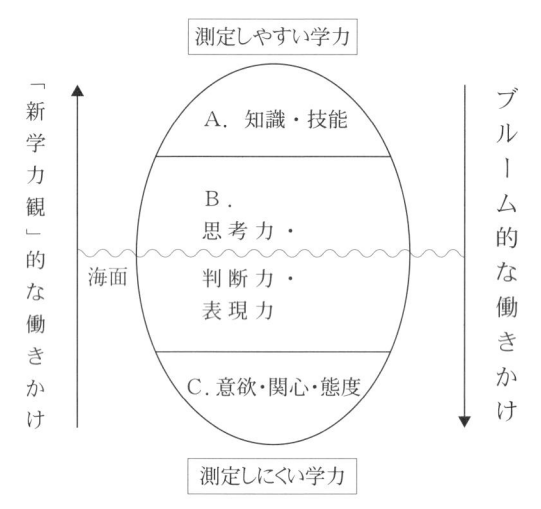

出所:長尾・他,2002年,100頁をもとに作成。

図8-2 学力の「氷山」モデル

ない。

　学力は,どのような要素から構成されていて,それぞれの要素はどのような関係にあるのか。学力の構造をとらえるために,ここでは,「学力低下問題検討研究委員会」による学力「氷山」モデルに注目してみよう(図8-2参照)。

　このモデルでは,学力は,海に浮かぶ氷山のイメージでとらえられており,「海面に顔を出している部分(A学力)」にあたる知識・技能,「海面をはさむ部分(B学力)」にあたる思考力・判断力・表現力,「海面下にもぐっている部分(C学力)」にあたる意欲・関心・態度の3つの要素から構成されている。海面より上のA学力とB学力の上半分は,「測定しやすい学力」であり,海面より下のB学力の下半分とC学

力は,「測定しにくい学力」である。

　この学力の3要素の関係は,学力観によって異なるとらえられ方がされている。教育心理学者のブルームによると,認知領域における能力は,知識・技能の習得といった低次のものから,応用・分析・総合・評価といった高次のものへと構造化されている。知識・技能を習得することなしに,思考力・判断力・表現力の発展はありえないという考え方である。これは,基礎基本の知識・技能の系統学習を重視する系統主義の学力観と共通している。

　他方,「新学力観」の立場からは,知識・技能の定着は,意欲・関心に働きかけ,思考力・判断力・表現力を使う経験を与えることによって達成されると考えられる。さらに知識・技能の定着は,新たな意欲・関心を喚起し,学びの循環を発動させると考えられる。これは,問題解決プロセスを経由した知識・技能の再構成を重視する経験主義の学力観と一致している。

　ところで,学力の3要素は,相互に不可分にリンクしており,私たちは日常,それらを総動員して柔軟に組み合わせながら,情報処理を行っている。新しい情報に出会ったとき,私たちはそれに興味・関心を向け,既有の知識・技能と照らし合わせながら,自己にとって意味のあるものへと再構成（思考力・判断力）し,情報発信（表現力）のリソースにしている。したがって,学力形成は,ただ知識・技能を習得するだけの営みではないし,知識・技能のリソースなしにただ思考力・判断力・表現力を鍛える営みでもない。さらに,意欲・関心・態度は,学習を支える極めて重要な基礎条件といえる。学力形成とは,系統主義と経験主義の双方向の働きかけを通して,3つの学力を総合的に高めていく包括的な営みであることを理解する必要がある。

(2)学力は低下しているのか

　それでは，児童生徒の学力はいかなる状況にあるのか。学力についての既存データは，学力の総体における比較的測定しやすい部分，すなわち知識・技能，および思考力・判断力・表現力の一部についてのみ知見を提供しうるという制約を確認したうえで，データが示す児童生徒の学力状況について整理してみよう。

　学力が低下しているのかどうかを確かめるためには，①同じ内容の学力調査を，②学年や地域（全国調査がもっとも望ましい）などが同じで，③データとして信頼できるだけの多くの人数の児童生徒に対して，④いくつかの時期にわたって実施した結果としてのデータが必要である。しかしながら，これらの条件を満たすデータは，日本ではほとんど存在してこなかった。

　本田由紀（東京大学助教授）による学力低下論争のなかで言及されてきた学力調査結果のレビュー（2002年）によると，複数時点にわたって実施された学力調査は，わずか次の4つにすぎない。

　　①文部省による「教育課程実施状況に関する総合的調査研究」
　　　（1982～83年，1995～96年）
　　②国立教育研究所「理数調査」（1989年，1992年，1995年）
　　③国際到達度評価学会（IEA）「国際数学・理科教育調査
　　　（TIMSS, TIMSS－R）」（1995年，1999年）
　　④澤田利夫（東京理科大学教授）「学力低下の実態とその対策に関する実証的研究」（1982年，1994年，2000年）

　そして，これらの調査結果から結論づけられる学力の現状は，「やや低下しているといえる場合もある」というものであった。

　その後，苅谷剛彦（東京大学教授）・志水幸吉（大阪大学教授）らのグループによって，国立教育研究所が1982年に実施した調査［関東調

査]，および池田寛（大阪大学教授・当時）が1989年に実施した調査［関西調査］の再調査が行われた。これらの調査からは，学力が全体として低下傾向にあり，かつ家庭背景や学習習慣と関連する分極化の傾向にあることが確認された。

　文部科学省も2002年（49万人）と2004年（45万人）に全国の小学5〜中学3年生を対象としたサンプリング調査「教育課程実施状況調査」を実施した。設問の3分の1が，前述した1995〜96年調査と同一のものから構成されていた。

　まず，2002年調査では，のべ23科目中20科目において「設定通過率」（教育課程の標準的な実施状況のもとで期待される正答率）に達していたことから，文部科学省は，学力状況が「おおむね良好」との公式見解を出した。しかしながら，前回調査と同一の問題の正答率では，10科目で3〜4％程度低下していた（文部科学広報2003年2月24日）。このことがマスコミ各誌によって，「学力低下」の根拠として大きく取り上げられた。

　つぎに，2004年調査では，23科目中22科目において「設定通過率」に達しており，前回調査と同一の問題では，正答率が前回よりも統計的に有意に上回る問題（43％）が，下回る問題（17％）よりも多く確認された（文部科学広報2005年5月30日）。マスコミ各誌は，この状況を「学力低下に歯止め」などと報じた。ちなみに，教育内容の「3割削減」や「総合的な学習の時間」の導入などが盛り込まれた1998年改訂学習指導要領が施行されたのは2002年であるため，いわゆる「ゆとり路線」の集大成としての教育課程を経験した児童生徒の学力調査としては，この2004年調査が最初のものである。

　以上の学力調査の結果より示唆されるのは，日本の児童生徒の学力が確かに低下傾向にあるものの，学力低下論争によって印象づけられたほ

どショッキングな状況にはないことである。学力低下論争は学力低下の確証がないなかで展開され，文部科学省の対策も十分な実態調査に裏づけられたものではなかったといわなければならない。

(3)学力低下をめぐる学力観

このように学力低下論争は，日本の児童生徒の学力の状況についての共通理解に根ざしたものではなかった。ここでは学力低下論争の源流ともいえる3つの論点と，これらの論者とも文部科学省とも一線を画する「第三の論者」たちによる2つの論点を簡単に整理してみよう。

学力低下論の源流としては，第一に，大学生の数学力が低下したという主張があげられる。その根拠としては，たとえば，大学生を対象とする一時点の算数・数学力調査にもとづいて，受験で数学を選択しなかった学生の算数・数学力が，著者たちの期待水準を大きく下回っている状況がとりあげられた。こうした主張はその後，教育内容の3割削減を伴う1998年学習指導要領の実施に反対するキャンペーンへと集約されていった。第二は，受験圧力の緩和が子どもたちの勉強離れを招いており，受験という外発的な学習の動機づけを子どもたちに与えることによって，子どもたちの学力向上をはかる必要があるという主張である。第三は，高校生の学習時間が全体として減少しており，減少傾向は，階層（職業地位・学歴）が低いほど顕著であるという調査結果にもとづいて，「ゆとり路線」の教育改革が，社会全体としての勉強軽視の風潮を生み，全体的な学力水準の低下と階層間格差の拡大をもたらしているとする主張である。

これら3つの主張は，いずれも学力が低下しており，その対策として教育内容や時間を充分にとり，知識・技能の系統学習を強化する必要があるという立場から，文部科学省によるゆとり路線の教育改革を真っ向から否定するものであった。

「第三の論者」たちの論点としては，第一に，子どもたちが勉強から逃走しており，その原因が，戦後日本社会における社会移動の固着化と，近代学校のゆきづまりという構造的要因にあるという主張である。学校での成功がよい就職と豊かな生活をもたらすといった，近代の日本人を支えてきた信念が実態をともなわなくなるなかで，子どもたちは，かつての勤勉さをもって勉強に取り組まなくなっているという指摘である。
　第二は，子どもたちの意欲・関心・態度などの「学ぶ力としての学力」が低いことに注目し，従来の「基礎からの積み上げ一辺倒」の学校教育に，知識の有用性が感じられるような，リアリティのある学習環境を作り出す必要があるという主張である。
　これら2つの主張は，学力が低下傾向にあるものの，その対策として伝統的な系統学習を強化するのではなく，知識・技能の教育を重視しながら，学びに向かう意欲・関心・態度を育成する経験や活動を導入する必要があるという立場から，教育改革路線を基本的に支持するものであった。したがって，学力低下論争は，複雑な利害意識や役割意識に導かれている側面をもつものの，その根本においては，教育における系統主義か経験主義かという学力観の対立の再現とみることができる。それはまた，人間が外発的な動機づけ（外からの賞罰によって喚起される意欲）によって動くものであるとする行動主義の人間観と，内発的な動機づけ（知的好奇心や向上心）によって自律的に学習することができるものであるとする構成主義の人間観との古典的な対立の再現とみなすこともできる。

4．教育課程の今日的課題

　この講義では，教育課程の構造・主体・基準について確認したうえで，教育課程編成を規定する学習指導要領と，それを支える学力観の変

遷をたどってきた。そして，「ゆとり路線」の学習指導要領をめぐる学力低下論争の本質を，古典的な系統主義と経験主義の学力観の対立に見出してきた。最後に，学力低下論争後推進されている「確かな学力」路線にもとづく教育課程のあり方について考察し，この講義を締めくくりたい。

　現行の学習指導要領は，基礎基本の教育内容の徹底と「総合的な学習の時間」の一層の充実による「知の総合化」，および教育課程の個性化（学習内容の適正化：発展的学習）と個別化（学習進度の適正化：補充学習と習熟度別指導）を通して，「確かな学力」形成を目指すものである。この路線は，次の２つの理由から，教師による教育課程編成と実践を支えるものとして評価することができる。

　第一に，学力を知識・技能に限定せず包括的にとらえ，総合的に発展させる必要性は，教師らによって，日々の教育指導を通してすでに認識されてきたことである。「知識偏重」，「偏差値輪切」教育の弊害に対する教育現場からの警鐘は，子どもの発達と学習に関わる専門家の経験に根ざした知見として，重く受け止める必要がある。また，児童生徒に知識・技能の有用性を体感させる教育技術は，伝統的な系統主義教育のなかでも，教科における「応用」や「発展」などの形ですでに豊富に蓄積されてきている。これらの視点やスキルを教育課程編成のなかに正当に位置づけることは，教師の実践を支えるうえで意味のあることだと思われる。

　第二に，生徒一人ひとりの教育ニーズに応える教育を奨励する学習指導要領は，教育課程を編成する教師の自由裁量権を拡大するものである。教育実践の有効性が，究極的には児童生徒の教育指導に日々携わる教師らの専門性と創意工夫に支えられている以上，教師らがもっとも働きやすい条件を整備する必要があるだろう。

ところが，この教育課程の個性化・個別化路線は，教育の機会均等と公共性の観点から，重大な問題もはらんでいる。教育基本法には，「すべての国民は，ひとしく，その能力に応じて教育を受ける機会」を有しており，「人種・信条・性別・社会的身分・経済的地位または門地によって，教育上差別されない」ことが定められている。たしかに，教育課程の個性化・個別化は，児童生徒の教育ニーズに応じた教育を保障する点においては，教育の機会均等を支える措置といえる。

　しかしながら，教育課程の個性化・個別化措置は必然的に，児童生徒一人ひとりが享受する教育内容の質や量に差異をもたらすことに留意する必要がある。児童生徒の学力や学習意欲に階層間格差が存在するなかで，教育内容の質や量における差異は階層による教育機会の不平等を招く危険性をはらんでいる。教育の機会均等を推進するためには，児童生徒一人ひとりの教育ニーズに丁寧に対応しながら，より多くの教育ニーズを抱える個人や集団に対して，教育資源を重点的に配分し，格差を解消する方向に働きかけるようとくに心がける必要がある。

　教育課程の個別化・個性化措置は，児童生徒が共通の教育内容を集団で学ぶ機会を減少させ，学習をより個人的な営みに転化させることによって，教育の公共性を損なう側面をもつ点にも留意する必要がある。近代学校は，子どもが家庭・地域などの私的空間から，政治・経済の場としての公的空間へ移行するうえでの架け橋としての役割を担っている。したがって，社会生活に必要な知識・技能・態度を伝達する（学力形成）だけでなく，子どもたちが多様な文化的・社会的背景を持ち寄り，対話と協調によって新しい文化を創出し，寛容と公共の精神を育成する練成場となる必要もある。社会の多様性が増大するなかで，学習共同体としての学校の機能を維持・伸張することは，学力を保障することと同様に重要な，教育課程編成のポイントといえる。

●**参考・引用文献**
①市川伸一『学力低下論争』ちくま新書,2004年
②苅谷剛彦・志水宏吉編『学力の社会学－調査が示す学力の変化と学習の課題』岩波書店,2005年
③柴田義松『教育課程－カリキュラム入門』有斐閣コンパクト,2001年
④田中耕治・水原克敏・三石初雄・西岡加名恵『新しい時代の教育課程』有斐閣アルマ,2005年
⑤長尾彰夫・志水宏吉・野口克海・本田由紀・宮田彰・堀家由貴代『「学力低下」批判－私は言いたい6人の主張』AS選書,2002年

●**学習課題**
(1)教師はどのようなことを考慮しながら,教育課程を編成しているのか,400字程度で整理してみよう。
(2)系統主義と経験主義の教育課程では,教育活動のアプローチに具体的にどのような違いがあるのか。教科を1つ取り上げて,具体的に考察してみよう。
(3)現代社会において,子どもたちに身に付けてほしい知識・技能・態度とはどのようなものか,自分なりにまとめてみよう。

9 教育評価の構造

深堀　聰子

《ポイント》 教育評価は，教育実践を通して児童生徒がどのような学力を獲得したのかを明らかにする取り組みであるが，その目的や方法は，一様ではない。教育評価の構造を整理したうえで，教育課程や学力についての考え方とともに教育評価のあり方がどのように変化し，いかなる今日的課題を抱えているのかを明らかにする。
《キー・ワード》 1.教育評価　2.教育課程　3.相対評価　4.個人内評価　5.目標に準拠した評価　6.指導要録　7.通知表

1．教育評価とは何か

(1)教育評価の基本的性格

　教育評価とは，教育活動の成果を明らかにする営みであり，その中心課題は，学習者の学習状況とそれを左右する教育活動の実態，すなわち教育課程の適切性や有効性などを把握して，価値判断を行うところにある。

　教育評価は，教育活動の成果を客観的指標を用いて計量的に捉える「教育測定」に類似した概念である。しかしながら，教育測定が学習者の実態把握に専ら焦点をあてるのに対して，教育評価は教育測定を通して得られた情報等にもとづいて，学習者の学習状況や教育活動のあり方の是非を明らかにする点に，両者の本質的な違いが見出される。したがって，次の4点を明らかにすることが，教育評価の主要なポイントといえよう。

①教育課程を計画する前提となる児童生徒の学力や生活経験の実態はいかなるものなのか，また，それをどう解釈するのか。
②児童生徒の学習や学力の実態は，教育実践を通してどのように変容したのか，また，それに対応して教育計画・実践はいかに修正・改善すべきか。
③児童生徒の変化から，目標は達成されたといえるのか。
④児童生徒の学力は，どのような客観的水準にあるのか。

　もっとも，教育評価には，実態把握的な性格が強いものから，価値判断的性格の強いもの，明確な形式をとるものから，日常の教育活動に埋め込まれているものまで，実に多様なものが含まれる。この講義では，こうした教育評価のあり方，歴史的な変容過程，および今日的課題について検討する。はじめに教育評価の目的・方法・タイミング・記録形態に焦点をあてて，教育評価の構造に関する基本的事項を整理する。つぎに，教育評価の公的原簿である指導要録の変容過程を，教育課程を規定する学習指導要領とそれを支える学力観の変化に照らし合わせながら概観する。最後に，教育評価の今日的課題について考察する。

(2) 教育評価の3つの目的

　教育評価は，何のために実施されるのだろうか。教育評価には，大きく，

①「管理・運営」の改善や方向づけのため
②「指導・教授」の改善や方向づけのため
③学習者自身の「学習」の改善や方向づけのため

といった，3つの目的がある。

　第1の「管理・運営」のための評価は，児童生徒が一定の知識・技能・態度を習得していることを第三者に対して証明（認定）したり，特定の教育措置に配置する根拠を提供したりするために行われる。入学試

験,調査書の作成,クラス分け試験などの評価活動が,これに該当する。私たちが「評価」という言葉から,値踏みしたり序列化したりする行為を連想するのは,この教育評価の管理運営機能のためである。

教育評価の管理運営機能は,近代学校の選別配分機能と密接に関わっている。近代学校は,子どもが社会経済的地位などの属性にかかわらずひとしく教育を受け,その能力や適性に応じて職業選択ができる業績主義の社会システムを構築するうえで,中核的な役割を果たしてきた。子どもの学力を高めるだけでなく,認定することによって,近代学校は学歴社会システムの一翼を担ってきたのである。

もっとも,このように被評価者にとって重大な結果をもたらすハイ・ステイクスな評価に対して,子どもの学力の豊かさや発展性を捉えるうえでの教育評価の限界を指摘し,評価自体の妥当性を否定したり,評価の結果もたらされる影響の妥当性を疑問視したりする立場は,繰り返し強調されてきた。

このように,教育評価には,児童生徒を値踏みし,序列化する側面をもつものの,そうした管理運営機能を果たすことが教育評価の中心的な目的ではない。教育評価のより重要な第2の目的は,教師が自ら実践する教育課程の適切性等を見直すために必要な情報を掘り起こすことによって,「指導・教授」の改善に資することである。

前回(第8章)の講義で確認したとおり,教育課程とは,教育目標の達成に向けた教育活動の全体計画であり,

計画(P)⇒実践(D)⇒評価(S)⇒計画の再構成(P′)

の活動サイクルから成り立っている。そして,教育課程の適切性や有効性は,教師が意図した教育活動,実際に展開した教育活動,その結果として達成された教育目標とのズレを検証し,新たな計画に反映させる不断のプロセスに支えられている。したがって,「指導・教授」の改善の

ための評価は，教育課程の不可欠な要素といえる。

「指導・教授」の改善と並んで重要な教育評価の第3の目的は，教師が児童生徒の学習状況に対して専門的助言を提供（フィードバック）することによって，児童生徒の「学習」の方向づけに資することである。なお近年では，学習者自身が評価行為に参加し，自己評価を通して，自らの学習改善に取り組むことも重視されているが，それは学習を導き促す教師の役割の重要性を損なうものではない。

すなわち伝統的な学習理論によると，学習は，外界からの特定の刺激に対して，特定の反応が形成されたときに成立する。そしてこの学習プロセスにおいて，教師による教育評価は，児童生徒の適切な反応を導くうえで（強化），決定的に重要な役割を担っている。一方，発達論では，学習（発達）は子どもが自らの外界についての認知の仕方を，内的に備わったエネルギーによって再構成することに成功したときに成立すると考えられている。そしてこの発達のプロセスにおいても，教師などとの社会文化的な経験（教育）が子どもの認知構造の均衡を崩し，再構成を促す契機となっている。とくに子ども自身が自力で達成できる水準と，自力では不可能だが教師をはじめとする他者の援助があれば達成可能な水準との隔たり（発達の最近接領域）に働きかけることが，子どもの発達を促すうえでの教育の課題とみなされている。したがって，教育評価には，学習の方向性と課題を明らかにすることによって，学習を導き促す学習改善機能が備わっている。

(3)教育評価の3つの方法

教育評価の方法は，何を評価基準とするかによって，
　①相対評価
　②個人内評価
　③目標に準拠した評価

の３つに大別される。

　第１の相対評価では，学習者の評点は集団内における位置づけにもとづいて割り出される。相対評価では，子どもたちの学力が，人工的な働きかけを加えない自然の状態で観察される生物の諸特徴と同様に，左右対称の釣鐘状の正規分布に従うことが想定されており，その分布上の位置づけ・序列として成績が決定されている。たとえば，５段階相対評価では，上位７％が「５」，次の24％が「４」，次の38％が「３」，次の24％が「２」，最後の７％が「１」の評点が割り当てられている。

　定められた配分率に基づいて成績を振り分ける相対評価は，評価者がだれであっても，何度評価をしても同じ評点が得られるため，客観性と信頼性の高い「科学的」な評価方法として，近年まで積極的に採用されてきた。その背景には，後述する通り，かつての教師の印象や独断による主観的で恣意的な評価への反省があった。

　しかしながら，客観性と信頼性の高さを標榜する相対評価も，主として，次の３つの理由から批判されている。

　１つ目は，児童生徒の学力が教育活動後も正規分布に従うと想定することは，どれほど優れた教育を実践しようとも，必ず一定数のできない子どもが存在すると想定することであり，すべての児童生徒に対する学力保障を放棄する，素質決定論的な立場であるという理由である。

　２つ目は，子どもを序列化することが，子どもたちの間に排他的な競争を生み出すという理由である。他者よりも優れた成績をとることへの圧力が，子どもたちの学習の動機づけとなり，学習自体の楽しさや自ら学ぶ姿勢を見失わせる原因となることは，教育評価の本意ではない。

　３つ目は，児童生徒の集団内における位置づけを示す相対評価が，学習や学力の実態を明らかにするものではないため，「指導・教授」の改善のための評価としては，不適切であるという理由である。

教育評価の第2の方法である個人内評価では，評価の基準は，子ども自身の変化や特徴におかれている。子どもの学習状況が過去に比べると，どの程度進展したのか，種々の教育目標に照らし合わせると，どのような長所短所がみられるのかが明らかにされる。個人内評価は，教師の主観的な評価の恣意性を，子ども自身の「がんばり」や「よさ」に焦点をあてることで克服しようとする評価方法である。

　子どもの成長と個性に着目する個人内評価の教育的意義は，広く受け入れられてきた。ところが，個人内評価は，相対評価と組み合わせて採用されることで，その役割を大きく制限されてきた。受験競争が過熱するなかで，相対評価の選抜資料としての使いやすさが重宝されるようになると，個人内評価は，相対評価でよい成績をもらえない子どもを「救済」するという副次的な役割を担わされてきたのである。翻って，個人内評価が相対評価の非教育性を緩和することに一定の効力を発揮してきたため，相対評価の問題が早くから指摘されてきたにもかかわらず，近年まで有効な手立てが講じられずにきたとみることもできる。

　教育評価の第3の方法である目標に準拠した評価では，評価の基準は教育目標の達成度におかれている。一つひとつの教育目標に対して具体的な到達レベル（観点・評定尺度）が設定され，子どもたちの学力状況をとらえる評価指標（ルーブリック）として用いられる。その際，子どもたちの学習事例を集めた評価事例集が，到達レベルを判定する資料として作成・活用される。

　この目標に準拠した評価は，教育活動を通してすべての子どもにひとしく教育目標を達成させることができると想定する点において，相対評価の素質決定論と排他性を克服するものである。さらに子どもによる教育目標の達成度を具体的・多角的に明示する点において，相対評価の学習や学力の中身を捉えるうえでの限界を克服するものでもある。こうし

た目標に準拠した評価は、近年では、相対評価に代わって、個人内評価とともに広く採用されている。

(4) 教育評価の3つのタイミング

教育評価の目的が、児童生徒の学力がどのような客観的水準にあるのかを判定し、学力の証明や配置の根拠となる資料を提供する管理運営機能を果たすことだけならば、評価は、教育活動の最後に行うだけで充分である。しかしながら、これまでに確認してきたとおり、教育評価のより重要な目的は、「指導・教授」の改善と「学習」の方向づけにある。したがって、教育評価は、教育活動の最後だけではなく、最初と途中にも複数回行う必要がある。ここでは、

　①診断的評価
　②形成的評価
　③総括的評価

の3つの概念を用いて、評価のタイミングを整理してみよう。

第1の診断的評価は、教育活動を計画する前提として、児童生徒の学力や生活経験の実態を把握するために入学時、学年はじめ、単元のはじめ、授業開始時などに行う評価である。教師は、診断的評価から得られた情報にもとづいて、中・長期的な指導計画や、短期的な授業計画を立案し、「指導・教授」の改善を図る。

第2の形成的評価は、教育活動が教師の意図したとおりに展開しているのか、児童生徒の学習や学力の実態はどのように変容しているのかを判断するために、教育活動の過程において複数回実施する評価である。教師は、形成的評価から得られた情報にもとづいて、児童生徒の学習内容の習得状況を確認し、指導計画や授業計画を修正・改善する。さらに児童生徒に学習に関する専門的助言をフィードバックすることによって、児童生徒の学習の方向づけを行う。したがって、形成的評価は、教

師による「指導・教授」の改善と，学習者の「学習」の改善に資するために実施される。

　第3の総括的評価とは，児童生徒の学力状況の変化から，教育活動の成果を見極めるために学年末，学期末，単元終了時，授業終了時など，教育活動の終了時に実施する評価である。教師は，総括的評価から得られた情報を，自らの教育実践の成果を振り返り，「指導・教授」の改善に役立てるために用いる。また，児童生徒の「学習」の方向づけを行うためにも用いる。さらに学期末・学年末の評定（成績）は，指導要録に記されることで，「管理・運営」のための資料としても利用される。

(5)教育評価の記録形態

　教育評価の多くは，教師が児童生徒の態度や反応から学習内容の習得状況を見極めたり，児童生徒を叱ったり褒めたりすることで学習を方向づけたりする行為として，日常の教育活動のなかでインフォーマルな形態で実施されている。そのなかで，通知表と指導要録は，教育評価のフォーマルな記録として，教育評価全体としてのあり方を強く規定してきた。まず，通知表は，児童生徒の学習，行動，健康などの状況を家庭に連絡するための文書である。したがって，通知表は，学級通信や連絡帳などの連絡文書と本質的に同じ役割を担っており，児童生徒の「学習」の方向づけに資することを目的としている。

　一般的な通知表には，各教科の学習の記録，行動の記録，総合的な学習の記録，出欠や健康の記録，全体的な所見，連絡欄などが記載されている。しかしながら，通知表の様式・内容・方法は，すべて学校・教師の自由裁量に任されており，児童生徒の学校での学習や生活の様子を生き生きと，保護者に最も分かりやすい形で伝えられるよう，教科・単元ごとに評価項目を柔軟に設定しながら，創意工夫を凝らして決定することが求められている。教育実践に即した教育評価こそ，児童生徒にとっ

表9-1　現行(2001年改訂)指導要録の構成(小学校)

欄	項目・観点	評価方法
①各教科の学習の記録 Ⅰ．観点別学習状況 Ⅱ．評定(3〜6年)	〔項目〕①国語，②社会(3〜6年)，③算数，④理科(3〜6年)，⑤生活(1・2年)，⑥音楽，⑦図画工作，⑧家庭(5・6年)，⑨体育	目標に準拠した評価 「A：十分満足できる」 「B：おおむね満足できる」 「C：努力を要する」
	〔観点別学習状況欄の観点〕①関心・意欲・態度，②思考・判断，③技能・表現，④知識・理解	
②総合的学習の時間の記録(3〜6年)	〔観点〕各学校で定める	目標に準拠した評価〔文章記述〕
③特別活動の記録	〔項目〕①学級活動，②児童会活動，③クラブ活動，④学校行事	目標に準拠した評価「○：十分に満足できる」
④行動の記録	〔項目〕①基本的な生活習慣，②健康・体力の向上，③自主・自律，④責任感，⑤創意工夫，⑥思いやり・強力，⑦生命尊重・自然愛護，⑧労働・奉仕，⑨公正・公平，⑩公共心・公徳心	
⑤出欠の記録	〔項目〕①授業日数，②出席停止・忌引等の日数，③出席しなければならない日数，④欠席日数，⑤出席日数，⑥備考	実数
⑥総合的所見及び指導上参考となる諸事項	〔観点〕「生きる力」を総合的に捉える	個人内評価

て真に意味のある学習改善の指針となるからである。

　つぎに，指導要録は，児童生徒の学籍，学習，行動，健康などに関する記録の公的原簿であり，文部科学省の定める様式・内容・方法に準じて，各学校が作成・保存するよう義務づけられている。指導要録は，児童生徒の学習と生活の状況を累積的に記録することで「指導・教授」の改善に資することと，児童生徒が転校・進学した際に，新しい学校に児童生徒の学籍・学習状況等を証明することで「管理・運営」に資することを目的としている。さらに指導要録は，進学や就職の選抜資料の一つ

である調査書（内申書）の原簿となることでも管理運営機能を果たしている。

　現行の指導要録（小学校，2001年改訂）は，表9-1に示すとおり，「各教科の学習の記録」をはじめとする6つの欄から構成されている。特筆すべき点としては，「各教科の学習の記録」「観点別学習状況」欄では，各教科の学習状況が，①関心・意欲・態度，②思考・判断，③技能・表現，④知識・理解，の4つの観点から分析的に評価される点，「評定」欄では，4つの観点を総括した総合評価が示される点，そして両欄において目標に準拠した評価（3段階）が採用されている点があげられる。その一方で，「総合的所見及び指導上参考となる諸事項」欄では，「生きる力」を総合的に捉えるために，個人内評価の方法で児童生徒の変化や個性が記述される。

　このように，児童生徒の「学習」の方向づけをねらいとする通知表と，「指導・教授」「管理・運営」の改善をねらいとする指導要録とは，本来機能が異なるため，独立した営みとして作成されなければならない。しかしながら，実際には，指導要録の内容を通知表にそのまま転記する学校もある。その背景には，第二次世界大戦中，指導要録の前身である学籍簿（1941年改訂）に通知表を準拠させるよう定められていたという歴史的経緯がある。この方針は，1971年指導要録改訂の際に明確に否定されたものの，通知表と指導要録を別個に作成する負担や，「二重帳簿」にならないかという危惧から，依然として踏襲されている場合がある。しかしながら，通知表と指導要録を教育の改善に生かすためには，両者の機能の違いを明確に認識することが大前提といえよう。

表9-2 指導要録の変遷

時期〔指導要録の版〕〔学習指導要領，学力観の特徴〕	機能・特徴〔様式・規格等〕	「学習の記録」の評価方法
戦後の「新教育」期〔1948年〕〔試案としての学習指導要領，経験主義〕	指導改善機能を重視（地方・学校の特殊性に応じて変更可能）	〔評定〕5段階相対評価・分析評定（総合評定は行われない）〔所見欄〕個人内評価
「人材開発」をめざした高度経済成長期〔1955・1961・1971年〕〔教育内容の精選と現代化，法的拘束力をもつ学習指導要領，系統主義〕	管理運営機能を重視（用紙統一1961年）（通知表と区別1971年）	〔評定〕5段階相対評価・総合評定 1971年：絶対評価を加味した相対評価〔所見欄〕個人内評価 各教科の観点に関する分析評定（特徴に○×印）
「ゆとり路線」を歩んだ低経済成長期〔1980・1991年〕〔自ら学ぶ意欲・関心・態度，思考力・判断力・表現力の育成，系統主義に経験主義を加味〕	指導改善機能見直し「指導と評価の一体化」「観点別学習状況」と「評定」に齟齬が生じる（教育委員会・学校の工夫）	〔観点別学習状況〕絶対評価・分析評定 1980年：3段階（十分達成・達成・達成不十分） 1991年：3段階（十分満足できる・おおむね満足できる・努力を要する）〔評定〕絶対評価を加味した相対評価 1980年：低学年3段階，第3学年以上5段階 1991年：低学年廃止，第3学年以上3段階〔所見欄〕個人内評価
学力低下論争後の「確かな学力」追求期〔2001年版〕〔生きる力の育成，系統主義に経験主義を加味〕	「観点別学習状況」の評価を「評定」に総括する方法に課題が残る（地域に根ざした主体的かつ積極的な工夫）	〔観点別学習状況〕目標に準拠した評価・分析評定〔評定〕目標に準拠した評価（第3学年以上）〔所見欄〕個人内評価（統合拡大・重点化）

2. 指導要録の変遷

(1)戦後の新教育期における指導要録

　教育評価のあり方を強く規定してきた，指導要録の歴史的な変容過程を振り返ってみよう。指導要録は，学習指導要領とそれを支える学力観に連動して，第2次世界大戦後，大きく4つの時期をへて変容してきた（表8-1および表9-2参照）。

　指導要録の前身である学籍簿がはじめて導入されたのは，1900年（明治33年）であった。その背景には，年数回の試験のみで児童生徒の進級・卒業を判定する試験制度への反省があった。児童生徒の平常の学業成績を教師がより総合的に評価する「考査」が開始され，その資料となる児童生徒の学習と生活の状況に関する累積的な記録が必要となったのである。

　このように，考査と学籍簿は，より妥当な教育評価をめざす試みとして手掛けられたものの，教育目標や評価指標が曖昧なまま導入された結果，教師の印象や独断による主観的で恣意的な評価に陥ってしまったと批判されている。とりわけ，第二次世界大戦中の皇国思想のもとで「人物第一・学力第二」の教育観がとられるようになると，人物や態度の評価が学力の評定を強く規定するようになった。この考査は，教師の主観を評価基準とすることから，「絶対者を基準とする評価（絶対評価）」と呼ばれることもある。

　第二次世界大戦後，経験主義にもとづく民主主義教育がめざされるようになると（1947年学習指導要領），考査は廃止された。学籍簿は，1948年に改訂され（1949年に指導要録に改称），各教科について相対評価（5段階）にもとづく観点別の分析評定が実施された。客観性と信頼性の高い「科学的」な方法による分析的な評価を実施することによって，主

観的評価の恣意性を克服することがめざされたのである。指導要録は，指導のための原簿と位置づけられ，様式・規格については，地方・学校の特殊性に応じて変更可能とされた。教師が自由に増欄しながら，児童生徒の学習や生活の状況を客観的・継続的に記録することで，「指導・教授」の改善に資することが求められた。

(2)「人材開発」をめざした高度経済成長期における指導要録

　高度経済成長期に入り，人材開発への要請が高まると，学習指導要領（1958年・1968年改訂）は，知識・技能の系統性を重視する内容に変容し，法的拘束力をもつようになった。また，教育内容の精選と現代化によって，水準の引き上げが図られた。

　指導要録も（1955年改訂），従来の指導改善機能に加えて，児童生徒の学籍・学習状況等を外部に対して証明する管理運営機能を重点的に担わされることになった。受験競争が過熱するなかで，調査書の原簿となる指導要録に，選抜資料としての使いやすさが要求され，簡素化・客観性・統一性が追求された。

　すなわち学習の記録は，教科ごとに1つの評点をつける総合「評定」に簡素化され，それまでの観点別の分析評定は，「所見」欄のなかで特徴のある場合に〇×印をつける形に留められた。また，客観性を追求する方針のもとで，相対評価は存続・強化された。そして，1961年には，指導要録の用紙規格が，文部省による通達として統一された。

　各教科における序列が全国統一の様式で示されることで，児童生徒の成績が第三者にも一目瞭然に分かるようになったのである。

　ただし，1971年改訂指導要録には，いわゆる「ゆとり路線」転換への兆しが表れている。相対評価の非教育性に対する市民からの告発（いわゆる1969年通信簿論争）をうけて，指導要録と通知表の様式等を区別する方針が明らかにされる一方で，「学習の記録」「評定」欄で「絶対評価

を加味した相対評価」が掲げられ，児童生徒を機械的に5段階に割り当てるのではなく，平素の学習態度等も考慮する必要があることが明記されたのである。なお，ここでの絶対評価とは，児童生徒の「がんばり」や「よさ」を評価する個人内評価の意味で使われていると理解することができる。

(3)「ゆとり路線」を歩んだ低経済成長期における指導要録

低経済成長期に入り，ゆとりをもった成熟社会を希求する気運が高まる一方で，教育内容の精選と現代化のもとで学校荒廃の問題が顕在化し始めると，高度経済成長期の人材開発路線は見直され，知識・技能の習得だけでなく，児童生徒の意欲・関心・態度，思考力・判断力・表現力も重視する新学力観が，学習指導要領（1977年・1989年・1998年改訂）で打ち出された。そのなかで，指導要録にも，大きな転換期が訪れた。

1980年改訂指導要録では，「指導と評価の一体化」がめざされ，「学習の記録」「所見」欄に組み込まれていた観点に代わって，「観点別学習状況」欄が新たに設定され，「絶対評価（個人内評価と同義）」が適用された。しかしながら，指導改善機能の見直しが，管理運営機能のあり方についての抜本的な変更をもたらすことはなく，「学習の記録」「評定」欄における相対評価は，依然として続行された。そのなかで生じた「観点別学習状況」の絶対評価にもとづく評点と，「評定」欄の相対評価にもとづく評点との齟齬は，克服すべき課題として残された。

(4)学力低下論争後の「確かな学力」追求期における指導要録

「観点別学習状況」欄と「評定」欄の評価方法の統一は，2001年指導要録改訂を待たなければならなかった。この現行の指導要録では，相対評価が放棄され，両欄において目標に準拠した評価が採用されている。

目標に準拠した評価が採用された主な理由としては，次の4点が挙げられる。

第1に，指導要録を指導の改善に生かすためには，児童生徒の教育目標の達成度を明らかにする目標に準拠した評価が最も適している。
　第2に，「確かな学力」が追求されるなかで，基礎基本の習得度を確かめるためには，集団内における位置づけでも，児童生徒の「がんばり」や「よさ」でもなく，学習や学力の中身を明らかにする必要がある。
　第3に，発展的学習，補充学習，習熟度別指導の導入などによって個に応じた指導が志向されるなかで，すべての児童生徒にひとしく学力を保障するためには，一人ひとりの学習状況をモニターしている必要がある。
　第4に，学年や学級の子どもの数が減少するなかで，評価の客観性と信頼性を確保するためには，集団内における位置づけにもとづく評価からの脱却を図る必要がある。

3．教育評価の今日的課題

　教育評価のフォーマルな記録としての指導要録の変容過程が象徴的に示すように，教育評価のトレンドは，評価基準を集団内での位置づけにおく相対評価から，教育目標の達成度におく目標に準拠した評価へと大きくシフトしてきた。その背景には，教育評価の目的の重点を，学力の証明や配置の決定といった「管理・運営」の改善におく考え方から，教師による「指導・教授」の改善や，児童生徒の「学習」の方向づけにもおく考え方に移行してきたことがあげられよう。
　それでは，「管理・運営」だけでなく「指導・教授」「学習」にも資する教育評価には，いかなる課題があるのだろうか。今日的課題を3点指摘して，この講義を締めくくりたい。
　教育評価の第1の課題は，目標に準拠した評価の客観性と信頼性をさらに高めていくことである。指導要録には，各学年・教科ごとに評価の

表9-3　評価指標（ルーブリック）の例［口頭発表］

優れている （5）	生徒は，探求した疑問を明確に述べ，その重要性について確かな理由を提示する。導き出され，記述された結論を支持する特定の情報が示されている。話しかたは人をひきつけるものであり，文章の構成は常に正しい。アイ・コンタクトがなされ，発表の間中維持される。準備をしたこと，組織立てたこと，トピックに熱心に取り組んだことについての強い証拠が見られる。視覚的な補助資料が，発表をより効果的にするように用いられる。聞き手からの質問には，特定の適切な情報で，明瞭に答える。
とてもよい （4）	生徒は，探求した疑問を述べ，その重要性についての理由を提示する。導き出され，記述された結論を支持する適切な量の情報が与えられる。話しかたや文章の構成は，ほぼ正しい。準備をしたこと，組織立てたこと，トピックに熱心に取り組んだことについての証拠が見られる。視覚的な補助資料に言及し，用いる。聞き手からの質問には，明瞭に答える。
よ　　い （3）	生徒は，探求した疑問と結論を述べるが，それを支持する情報は4や5ほど説得力のあるものではない。話しかたや文章の構成は，ほぼ正しい。準備したり組織立てたりしたという証拠がいくつか見受けられる。視覚的な補助資料についての言及がある。聞き手からの質問に答える。
不　十　分 （2）	生徒は，探求した疑問を述べるが，完全ではない。疑問に答える結論は与えられていない。話しかたや文章は理解できるものの，いくつかの間違いがある。準備したり組織立てたりしたという証拠が見られない。視覚的な補助資料に言及したりしなかったりする。聞き手からの質問には，最も基本的な答えしか返ってこない。
劣っている （1）	生徒は，疑問やその重要性を述べずに発表する。トピックは不明瞭で，適切な結論も述べられない。話し方はわかりにくい。準備をした様子はなく，組織立ってもいない。聞き手からの質問に対して，もっとも基本的な答えしか与えないか，まったく答えない。
（0）	口頭発表は行われなかった。

出所：田中耕治『よくわかる教育評価』48頁，2005年

観点が明記されているが，指導に生かす教育評価をめざすためには，日常的な評価活動に役立つ，より具体的な評価指標を開発していく必要がある。日々の教育活動における一つひとつの教育課題について，どのような内容をどの程度できれば目標を達成したといえるのか，具体的な観点と評定尺度を明示していくのである（**表9-3参照**）。

　そうした評価指導にもとづき，誰が何度評価しても，同じ評点が得られるようになったとき，はじめて評価の客観性と信頼性は確保される。また，形成的評価として繰り返される日常的な評価（基本簿）と総括的評価（指導要録）との連続性が丁寧に検証されたとき，日常の教育・評価活動の延長線上に，教育目標の達成が位置づけられた評価システムが構築されたといえる。

　第2の課題は，指導要録の「各教科の学習の記録」「観点別学習状況」欄と「評定」欄の評価の関係を明らかにすることである。総合的な「評定」に「観点別学習状況」の平均値を与えるのか，独自の教育目標の達成度を反映する値を与えるのかは，指導要録を記入する教師が必ず直面する問題であるが，明確な方向性は未だ示されていない。これは学力の総合性が基本性の蓄積のうえに形成されるのか，両者は質的に異なるのかをめぐる哲学的な問題でもあるため，容易に合意は得られないだろう。しかし，「評定」欄は，指導要録の管理運営機能を最も直接的に担う箇所であるため，統一的な評価方法にもとづく客観性と信頼性を確保する必要がある。

　第3の課題は，教育評価の中心的な主体である教師の力量形成にむけた条件整備に取り組むことである。評価指標の開発をはじめとする一連の評価活動は，極めて高い専門性を必要とする営みである。この営みに携わる教員の専門性を向上させていくには，教員養成課程や現職教育における教育評価の訓練機会を拡充する必要があるだろう。さらに各学

校・教師によって開発された評価指標等を，児童生徒や保護者，教育関係者に公開することを通して，一層質の高いものへと鍛え上げていく必要があるだろう。

●参考・引用文献
①天野正輝『教育評価論の歴史と現代的課』晃洋書房，2002年
②梶田叡一『教育評価』有斐閣双書，2003年
③田中耕治編『よくわかる教育評価』ミネルヴァ書房，2005年
④田中耕治『学力と評価の"今"を読みとく』日本標準，2004年
⑤田中耕治『学力評価論入門』京都・法政出版，1996年
⑥西岡加名恵『教科と総合に生かすポートフォリオ評価法 - 新たな評価基準の創出に向けて』図書文化，2003年

●学習課題
(1)教育評価は何のために，だれによって，何を対象として，いつ，どのような方法で実施されるのだろうか。800字程度で整理してみよう。
(2)児童生徒の学校での学習や生活の様子を生き生きと，保護者に最も分かりやすい形で伝えるためには，通知表にどのような工夫ができるだろうか。学年・学期・教科を一つ取り上げて，具体的なモデルを検討してみよう。
(3)自ら学ぶ意欲・関心・態度，思考力・判断力・表現力の育成と，知の総合化をめざす「総合的な学習の時間」における教育評価とはいかなるものか，考察してみよう。

10 宗教と学校

江原　武一

《ポイント》　今日の学校教育では，基礎的な教科を中心とした認知的教育と並んで，子どもが多文化社会にふさわしい知識や考え方を学ぶ価値教育を充実することが求められている。この価値教育の意義や課題を，世界の教育現場で宗教はどのように教えられているのかを調べることを通して考える。
《キー・ワード》　1.公教育　2.多文化社会　3.価値教育　4.宗教教育　5.政教分離　6.宗教学習

1．公教育の改革課題

(1)社会のグローバル化と宗教

　社会のグローバル化が進む今日の日本では，誰もが自分の生い育った日本の文化だけでなく，異なった文化についても理解を深めることを求められている。とくに世界のどの文化にも，その根底には宗教があるので，宗教を理解しないと，その文化を十分に理解することはできない。このようにいうのは，日本の人びとはこれからますます外国の人びとと広くつきあうようになり，日本の社会もいろいろな文化的背景をもつ人びとが共生する多文化社会になると考えられるからだ。
　この講義では，そうした観点から，日本の公教育における価値教育，とくに宗教教育のあり方を考える手がかりを探るために，世界の教育現場で宗教はどのように教えられているのか，その一端を紹介し，いくつ

かコメントを加えてみたい。

　21世紀に入った今日からふりかえってみると，20世紀は「教育の世紀」だった。とりわけ第二次世界大戦後の20世紀後半には，日本やアメリカなどの先進諸国だけでなく，多くの発展途上諸国でも，学校教育の拡大と普及は社会や国民にとって望ましいことだと考えられ，その整備拡充がはかられてきた。ところが，実際には，学校教育の拡大は，予想された望ましい結果を必ずしももたらさなかった。それだけでなく，学校教育の様々な場面で，ひずみやあつれきが目につくようになってきている。

(2)現代公教育の改革課題

　そのなかでもとくに問題なのは，公教育をどのように改革して，これからの多文化社会にふさわしい国民国家として国家統合をはかればよいかということである。

　公教育とは，国民国家や地方自治体などの公権力が管理運営し，
　　①義務性
　　②無償性
　　③世俗性（宗教的中立性）
を備えた学校で行われる教育を，意味する言葉である。近代の国民国家と教育システムはもともと，人間の基本的権利や個人的な意思決定などを尊重する普遍的人権思想や政治的民主主義，近代科学の成果などといった普遍的価値を前提にして成立，発展してきた。ところが，日本を含めてどの国も，社会を構成する民族や文化，宗教などの多様化が予想以上に進んで多文化社会としての特徴をもつようになり，それに対応した公教育の改革が求められているからだ。

　近代化にとって望ましい普遍的価値と国内に共存する複数の文化的伝統が尊重する固有の価値との間に大きなズレが生じたり，深刻な対立や

葛藤がみられるのは,日本も例外ではない。たとえば,特定の宗教集団がその宗教教義に反するという理由で,信者の子どもを公教育から隔離したり,教育課程の内容を批判するケースがいくつも報告されている。また,経済のグローバル化にともなって,日本文化と異なる文化的背景をもつ外国人労働者が急増したため,彼らとその子どもに対する教育機会の整備は,公教育が直面する重要な解決課題の一つになった。

それに加えて,日本でも,他の先進諸国と同じように,児童生徒の基礎学力不足や価値観の混迷が深刻な問題になっている。その背景として,様々な事情や要因が指摘されてきた。しかし,とくに注目する必要があるのは,同一の文化的伝統を共有する文化的共同体のなかで育ち,誰もが学校へ平等に通えると思われがちな日本の子どもの場合も,彼らの学校教育に対する見方や動機づけ,関わり方は,実際には多様なことである。

たとえば,小学校から大学まで,学校教育の内容は基本的に,西欧生まれの近代科学の知識や考え方にもとづいて構成されているが,それらを誰もが同じように学びたいわけではない。卒業後の社会生活で必要な知識や考え方も多様で,彼らの就く職業や生き方によって大きく違っている。たとえ学校教育の意義は認めても,学校での生活がいつも快適な児童生徒はそれほど多くないはずだ。

近代公教育の発想にもとづいて整備されてきた,従来の画一的な学校教育では,そうした学ぶ側の多様性に十分に対処できなくなってきた。つまり今日の日本の公教育は,その最も重要な役割である基礎的な教科を中心とした認知的教育の改善と並んで,多文化社会にふさわしい知識や考え方を,どのように若い世代に提供すればよいのかを鋭く問われている。

なお,アジアをはじめ多くの発展途上諸国の事情は,日本とは少し

違っている。発展途上諸国も世界規模で進む社会のグローバル化や情報化に対応するために，大々的な教育改革を行い，情報技術教育の導入や教育の規制緩和などをはかっている。しかし，その反作用として，これまで政治的に規制されてきた外来の文化や情報が無制限に国内に流入し，ようやく育ちつつあった国民意識や宗教的規範が危機にさらされるようになった。そのため，道徳教育や宗教教育といった価値教育の見直しが行われ，それを強化したり，新たに導入する教育政策が実施されている。ところが，問題なのは，それがまた，もともと文化的に多様なこれらの国ぐにでは，新たな緊張をもたらす結果となっていることである。

2．価値教育としての宗教教育

⑴価値教育とは

価値教育とは，行動の一般的な指針として，または意思決定をしたり信念や行為を評価する際の判断基準として使われる原則や基本的確信，理想，基準，生き方（ライフスタンス）を教授したり学習することを意味する言葉である。

価値教育には，宗教教育の他に，市民性教育や道徳教育，多文化教育，それから課外活動や学習の共同体としての学校生活などといった学校の潜在的カリキュラムも含まれる。ポイントは，どの教育も複数の価値の共存を想定していることである。また，価値教育の具体的な内容は国や地域によって違うが，一般的に欧米等の先進諸国では，市民性教育や多文化教育，あるいは自律的な価値判断を育成する教育という側面が強い。それに対して，アジアなどの発展途上諸国では，道徳教育や宗教教育，あるいは国民統合の手段としての教育という色彩が強くあらわれている。

(2)宗教教育の意味

　この価値教育で主要な位置を占める宗教教育という言葉には，次の三つの異なった意味がある。日本宗教学会の「宗教と教育に関する委員会」の定義を参考にすると，宗教教育は，狭義には宗派教育を意味し，広義にはそれに加えて，特定の宗教にもとづかない宗教知識教育や宗教的情操教育を含めた言葉として使われている（家塚他，1985年，12-19頁，27-28頁）。①宗派教育は，特定の宗教の立場から，その宗教の教義や儀礼を通じて信仰へ導いたり，信仰を強化するための教育であり，日本では，一部の私立学校で行われている。

　広義の宗教教育のうち，②宗教知識教育は，宗教に関する客観的な知識を理解させる教育である。日本を含めてほとんどの国では，歴史や社会，道徳，あるいは美術や音楽などといった社会や人間を対象とした教科で宗教がとりあげられている。

　③宗教的情操教育は，人間形成にとって不可欠だと考えられる究極的な価値に対する心のかまえを育成する教育である。「心のかまえ」の具体的な内容は，日本の戦後教育政策の文脈でいえば，「生命の根源に対する畏敬の念」ということになるだろう。

　この三つ目の宗教的情操教育は，公教育における宗教の扱いの点では，宗派教育と宗教知識教育の中間に位置づけられる。それゆえ多文化社会における価値の具体的な内容をはじめ，公教育における宗教教育の位置や教授法など，価値教育としての宗教教育を幅広い視点から検討する際には役に立つキー・ワードである。

　ただし，この言葉は，宗派教育や宗教知識教育と比べると分かりにくく，宗教教育をめぐる議論では対立する見解や誤解を生みやすい。そのため，打開策として，宗教文化教育という言葉を使う論者もいる。これは文化としての宗教について理解を深める教育であり，日本や世界の主

な宗教の現状や宗教的伝統，習俗，宗教に対する人びとの態度などの比較を通して，文化としての宗教の理解を深めることをめざすものである。

　同様の意義をもつ言葉として，近年の英語文献では，宗教学習（スタディ・オブ・レリジョン）という用語が，多文化社会にふさわしい宗教教育，つまり開放的でいろいろな解釈や理解が可能な世界観や人生哲学の探究を含んだ教育的な宗教教育を意味し，今後の宗教教育のあり方や方向を示す言葉としてよく使われている。この宗教学習は，宗教学の研究成果を宗教教育で活用しようとする試みで，その位置づけの次元は宗教的情操教育とは異なるが，やはり宗派教育と宗教知識教育の中間に位置づけられている。

3．公教育における宗教教育の位置

(1)学校教育のなかの宗教：国際比較

　それでは，学校の教育現場では，宗教はどのように教えられているのだろうか。その現状を11の国と日本を四つのグループに分類してまとめると，表10-1のようになる。分類の区分軸は，
　　①公教育に宗教教育を独立した科目として導入しているかどうか
　　②その国の社会経済的発展段階
である。なお，科目名としては（トルコのように），道徳教育など別の名称を使っていても，実質的に宗教教育の色彩が非常に強い場合は，宗教教育を導入している国として分類している（詳細については江原，2003年を参照）。

　これをみると，それぞれの国の事情に応じて，宗教教育の扱いは実に多様なことが分かる。たとえば，インドネシアとマレーシアはともに，イスラーム教徒が多数派を占め，宗教教育を独立した科目として導入し

表10-1　公教育における宗教教育の位置

Ⅰ　宗教教育を科目として導入している発展途上諸国	
インドネシア	宗教教育は必修科目（5宗教の公認）；一般学校とイスラーム系学校の併設
マレーシア	宗教教育（イスラーム教徒の生徒は必修）と道徳教育を同時限に併置
タ　　　イ	宗教教育（主に仏教教育）と道徳教育の併置；近年は理想のタイ人像を強調
ト ル コ	宗教教育は必修科目；公立普通校の他、宗教指導者養成の公立「高校」を存続
レバノン	宗派主義（多数派不在のため、宗派毎の学校運営と宗教教育の自由を公認）
Ⅱ　宗教教育を科目として導入していない発展途上諸国	
フィリピン	正科外で選択制の宗教教育
中　　　国	非公認の宗教教育；教科内の宗教知識教育と徳育の授業を実施
Ⅲ　宗教教育を科目として導入している先進諸国	
イギリス	宗教教育は必修科目；近年はキリスト教的宗教教育から多文化的宗教学習へ移行
オランダ	教育の自由（あらゆる主義信条の尊重、平等な公私立校の処遇）
Ⅳ　宗教教育を科目として導入していない先進諸国	
フランス	公教育の非宗教性；近年は宗教知識教育の他、地域社会での宗教学習を公認
アメリカ	政教分離；私立校の宗派教育、公立校の宗教知識教育や宗教学習を公認
日　　　本	政教分離；私立校の宗派教育、公立校の宗教知識教育を公認；道徳教育（「道徳の時間」、教育活動全体、潜在的カリキュラム）を実施

ている発展途上国である。しかし，その宗教教育の扱いには，次のように大きな違いがみられる。

インドネシアはイスラームを公式宗教とする「イスラーム国家」ではないが，全人口の90％近くを占めるイスラーム教徒が圧倒的に優位な国だ。学校制度も国民教育省が管轄する一般学校（スコラ）と，宗教省が管轄するイスラーム系学校（マドラサ）の二元的制度で，全生徒の11％はマドラサで学んでいる。このマドラサでは当然，イスラームにもとづく宗派教育が行われ，スコラでも宗教教育は必修科目である。

ただしスコラの宗教教育では五つの宗教（イスラーム，プロテスタント，カトリック，ヒンドゥー教，仏教）が公認されており，生徒はそれぞれ信仰する宗教に別れて学んでいる。イスラーム教徒が圧倒的に多いインドネシアの価値教育では（非常に乱暴なまとめ方だが），少数派の生徒をそれぞれの宗教のよき信者に育てるだけの余裕があるといってよいだろう。

ところが，マレーシアは，イスラーム教徒の占める割合が全人口の6割という微妙な人口構成をもっているため，宗教教育と道徳教育を併置して価値教育を行っている。保護者がイスラーム教徒のマレー系の生徒にとって，イスラームにもとづく宗派教育は必修だが，華人系（中国系）やインド系の生徒は同じ時間に道徳教育の授業を受ける。このようにどちらの国もイスラーム文化を背景に，多文化社会における近代国民国家の建設を進めているが，その宗教教育の扱いは大きく違うのである。

ちなみにマレーシアの宗教・道徳科目の教科書は，小学校の授業用語にあわせて三種類あり，いずれも政府系出版社から出版されている。マレー系小学校用はマレー語による「イスラーム宗教知識」，華語小学校用は華語による「道徳教育」，インド系のタミル語小学校用はタミル語

による「道徳教育」である。

　なお，「イスラーム宗教知識」の小学校3年までの教科書は，アラビア文字表記のマレー語（ジャウィ）で執筆されている。また，中学校以上の公立学校の教科書は，すべてマレー語だが，複数の出版社から出版されるので，そのなかから選択することができる。宗教・道徳科目には，小学校と同様，「イスラーム宗教知識」と「道徳教育」の二つがあり，生徒は，どちらかを選択して，同じ時間に別室で授業を受けることになる。

(2)政教分離と宗教教育

　日本は，フランスやアメリカとともに，第四グループの「宗教教育を科目として導入していない先進諸国」に含まれる。

　フランスは，（これも乱暴なまとめ方だが），近代国民国家の建設に必要な市民を育成するために，教会から学校をとりあげて，新たに近代学校を構築した国である。それゆえ公教育では宗教的な色彩を極力排除し，もっぱら宗教知識教育のみを行ってきた。

　しかし，イスラームをはじめ非キリスト教徒の移民や外国人労働者を大量に受け入れて，社会が多文化化したため，近年では，公教育の非宗教性をあくまでも崩さずに，学校外の地域社会では，住民の協力を得て（エスニック・マイノリティの多くは住み分けしやすいこともあり），特定の宗教の原理や習慣，多文化共生のための知識や考え方，態度などを教育する方向に進んでいる。

　アメリカは，人類史上最初に政教分離の原則を法制化した国として知られている。その原則は，今日まで根強く生き続けており，宗教教育は厳しく制限されてきた。ただし，二つの例外がある。一つは，私立学校では広義の宗教教育だけでなく，特定の宗教にもとづいた宗派教育が認められていることであり，もう一つは，宗教知識教育や宗教学習は公立

学校でも認められていることである。
　ところが，そのアメリカでも，近年，宗教教育のあり方を問い直し，その改善をはかることに幅広い社会的な関心が寄せられている。犯罪や非行の増加，薬物の不正使用の拡大，社会的指導者層の倫理問題など，様々な社会事情もその背景にはある。しかし，多文化社会としてのアメリカにとって，複数の文化の共存を前提にした文化的共同体の再構築は，国家の統合と発展のために不可欠であり，公教育も，認知的教育の改善と並んで，どのような価値教育を提供すればよいかを問われるようになったからだ。

(3) 日本の宗教教育

　日本は，第二次世界大戦後，政教分離の原則に沿って再建されたが，フランスやアメリカと違って，宗教に関連した問題が公教育のあり方や教育改革の論議で正面から論じられることはあまりなかった。近代公教育は，義務性と無償性に加えて，世俗性（宗教的中立性）を基本原理にしていることを考えると，それは当然なのかもしれない。学校教育における宗教や価値の問題は，政治問題化しやすいため，教育の文脈で議論しにくいこともその背景にはあるだろう。
　しかし，どの国の公教育でも，複数の価値が共存する多文化社会にふさわしい価値教育の構築が要請され，学校教育における宗教の扱いが論議の的になっている。そうした各国の状況をふまえて，日本では，価値教育，とくに宗教教育について，どのように考えたらよいのか，いくつかコメントを加えてみたい。

4．宗教教育の方向

(1) 多文化社会と価値教育

　まず第一に，どの国でも公教育を改革して，基礎的な教科を中心とし

た認知的教育の改善と並んで，複数の価値の共存を前提にした価値教育を充実させようとしている。もともと多民族で構成されているところが多い発展途上諸国の価値教育は，国民的アイデンティティを形成する国民統合の手段としての教育という色彩が強い。

　それに対して，先進諸国の価値教育は，自律的な価値判断を育成する教育という側面を強調する傾向がある。しかし，多文化社会にふさわしい国民的アイデンティティを若い世代に身につけてもらいたいということでは，どの先進諸国も変わりがない。それは一人ひとりの子どもが自律的な価値判断をできるように育成して，ゆるやかな国民的アイデンティティを形成しようとするもので，日本も，同じ方向をめざす時期にきているように思われる。

(2)共通価値の具体的内容

　第二に，こうした価値教育をどのようにイメージすればよいのか。価値教育における価値の具体的な内容の問題である。多文化社会において複数の文化を結びつけるために不可欠な共通の文化に注目すると，民主主義のあり方を身につけてもらうのが大切だと思われる。たとえば，生命の保護や自由な言論，宗教の自由な実践といった人間の基本的権利の承認や，社会活動や私的生活，職業選択における個人的な意思決定の尊重は，すべての人びとが行動の一般的な指針や意思決定や評価の判断基準として身につけるべき価値である。政治や社会のあり方では，議会制民主主義の是認や機会均等の重視などが，誰もが共通に学ぶべき価値ではないかと思われる。

　しかし，最も重要なのは，多文化社会にふさわしい考え方や価値観，生き方を，その国に住む人びとが共有することである。それはたとえば，国内の文化的多様性，とくに主流派よりも少数派の文化遺産のプラス面を積極的に評価する多文化主義の考え方を承認することであり，そ

の立場から，文化的共同体の構築をめざす考え方を是認することである。

さらに国語教育やその他の基礎教科の教育は，学校の主要な役割だが，そうした認知的教育の改善は個人の成長だけでなく，多文化社会の発展にとっても不可欠だという認識も，この共通の価値のなかに含まれる。

(3)宗教学習の方向

第三に，こうした民主主義と多文化主義にもとづいた多文化社会における価値教育では，宗教教育は非常に重要な位置を占めている。ただし，それは特定の宗教を信仰するための宗派教育でもないし，ましてや特定の宗教を絶対視して，他の宗教を拒否したり排除する閉鎖的な宗教教育でもない。

また，単に宗教に関する客観的な知識を形式的に教えて理解させる宗教知識教育は，多文化社会における価値教育として限られた役割しか果たすことができない。

今公教育で求められているのは，開放的でいろいろな解釈や理解が可能な世界観や人生哲学の探究を含んだ教育的な宗教教育ではないか。それは多種多様な価値が併存して衝突をくりかえしている多文化社会において，これまで人類が長い時間をかけて作り上げてきた様々な宗教的伝統や考え方を学ぶことにより，生徒が自分自身でその人生の意義や生き方，価値観を探求し，どのような場面でも自律的な意思決定ができるようになることを支援する教育である。

この開放的な宗教学習は，教育課程のなかで独立した科目として提供するほうが実施しやすいのかもしれないが，たとえば，政教分離の伝統が根強いアメリカでは，宗教知識教育をこの方向で改善することがめざされている。

さらに日本の宗教教育の論議にひきつけて考えれば、宗教学習は宗派教育と宗教知識教育の中間に位置づけられるので、日本の社会にふさわしい新しい宗教教育のあり方を構想するのに、豊かなイメージと可能性を与えてくれるように思われる。

●参考・引用文献
①家塚高志他「宗教教育の理念」日本宗教学会「宗教と教育に関する委員会」編『宗教教育の理論と実際』鈴木出版、1985年、11-53頁
②J.ウィルソン監修、押谷由夫・伴恒信編訳『世界の道徳教育』玉川大学出版部、2002年
③江原武一編著『世界の公教育と宗教』東信堂、2003年
④末木文美士『日本宗教史』(岩波新書(新赤版)1003)岩波書店、2006年
⑤菅原伸郎『宗教の教科書　12週』トランスビュー、2005年
⑥蓮見博昭『宗教に揺れるアメリカ』日本評論社、2002年

●学習課題
(1) 民族や文化，宗教などの点で多様な背景をもつ人びとが共生する多文化社会としての日本社会の特徴を，400字程度で整理しなさい。
(2) あなたの現在の「宗教観」がどのように形成されたかを，幼年時から現在までの経験や学校時代に授業で学んだことをふまえて考えてみよう。
(3) これからの日本社会で生活する人びとが共通に身につけてほしい知識や技能，考え方について，自分なりに整理してみよう。

11. 大学教育の改革

南部　広孝

《ポイント》 近年，大学教育の充実や各大学での個性的な教育の展開が叫ばれ，さまざまな改革が進められている。大学教育のあり方について，大学の機能，日本における大学教育の変遷，大学教育をめぐる評価といった観点から考える。
《キー・ワード》 1.大学の機能　2.「大学設置基準」　3.大綱化　4.カリキュラム　5.自己点検・評価　6.第三者評価　7.大学ランキング

1. 大学の歴史と機能

(1)大学の教育機能

　歴史を振り返って，どの時代のどの国の大学にも適用できるように大学という組織を定義づけることは，それほど簡単ではない。「世界的に見て大学のモデルと考えられるものは，ただ一つしかない」という考えがある[1]。そこでイメージされているのは，以下で述べる中世ヨーロッパの大学である。しかしその一方で，「すべての文字社会には，その最高水準の知識の伝統を育成し，かつ伝達するために，いろいろな高等教育機関が存在した」とする論者もいる[2]。いずれにしても大学が一貫して教育をその主要な機能の一つとしてきたことは間違いない。
　現在の大学の源だとみなされている中世ヨーロッパの大学は，同業組合的であったといわれる。大学を意味するユニバーシティの語源は，ラテン語のウニベルシタスだと言われるが，これはもともと組合，同業組合を意味する語だとされている。大学は，国王や教皇から勅許状を得た

教授と学生の組合であり，教授になるための教育訓練の権利を独占するとともに，その資格認定を行うことを許されていた。そしてそれに加えて，他の専門職従事者（法律家，医師，聖職者）の教育も担っていた。この時期の大学では，文法，修辞，論理，算術，幾何，天文，音楽という3学4科（trivium, quadrivium）が教えられていた。

(2)研究と社会サービス

19世紀になると，ドイツで新たな機能を担った大学が誕生した。1810年に創立されたベルリン大学は，研究の重視，「研究と教育の統一」を掲げた。従来の大学が，既成の知識の伝達を主たる目標としていたのに対し，この大学では，新しい知識の発見や創造が目標とされ，教員はもとより学生も，そうした発見や創造の過程に参加することを通じて，教育訓練を受けることがめざされた。

つまり，大学の機能として，研究が新たに加わったのである。研究を進めるために政府から多額の財政支援を受けた点も，それまでの大学とは異なっていた。このような大学のあり方は，近代大学のモデルとして，世界各国に広まった。

また，アメリカでも，19世紀の中頃から新しいタイプの大学が創設され，大学に新しい機能が加えられた。一つは，政府から土地を与えられて作られた，国有地付与大学と呼ばれる大学である。このタイプの大学は，社会との結びつきが強く，やがて地域の様々な要請に対応する形で，各種のサービスを提供するようになった。もう一つのタイプは，大学院やプロフェッショナルスクールを設置する大学である。大学院は，基礎的な教養教育を受けた者に対して高度な専門教育を与える組織であり，また，プロフェッショナルスクールは，専門職に就くために必要な知識や能力を育成する組織である。

このような大学の創設を通じて，大学の機能として社会サービスが加

表11-1 高等教育の各発展段階における教育のあり方

高等教育制度の段階	エリート型	マス型	ユニバーサル型
全体規模（在学率）	15%まで	15%以上～50%まで	50%以上
高等教育の機会	少数者の特権	相対的多数者の権利	万人の義務
高等教育の目的観	人間形成・社会化	知識・技能の伝達	新しい広い経験の提供
高等教育の主要機能	エリート・支配階級の精神や性格の形成	専門分化したエリート養成＋社会の指導者層の養成	産業社会に適応しうる全国民の育成
教育課程（カリキュラム）	高度に構造化（剛構造的）	構造化＋弾力化（柔構造的）	非構造的（段階的学習方式の崩壊）
主要な教育方法・手段	個人指導・師弟関係重視のチューター制・ゼミナール制	非個別的な多人数講義＋補助的ゼミ，パート・タイム型・サンドイッチ型コース	通信・TV・コンピュータ・教育機器等の活用

出典：マーチン・トロウ，1976年，194-195頁の表より一部抜粋して作成。

わるとともに，教育に関しても，新たな内容が付け加わったのである。

このように，大学に期待される機能は，時代を経るとともに変化してきたが，教育という機能が，そこからはずれることはなかった。

(3)教育機能の多様性

しかし，大学教育の目的や提供されるカリキュラムは，必ずしも一様であったわけではない。同じように教育の機能を有しているといっても，すでに述べたように，大学が担ってきた具体的な教育活動は，時代や国によって異なっている。該当年齢層に占める大学在学率に注目して高等教育の構造変動を論じたマーチン・トロウは，発展段階によって教育のあり方が変化するとしている（**表11-1**）。トロウのこの発展段階

図式が，どの国にも全面的にあてはまるというわけではないし，ある程度あてはまる場合であっても，実際には，次の発展段階に移行したからといって，前の段階の教育のあり方がまったくなくなってしまうということはない。しかし，少なくとも同じ年齢層集団のうちどの程度の者が大学に進むかによって，大学教育の目的やあり方が全体として異なったものになるという考え方は，首肯できるものである。

現在の日本の大学が担っている様々な機能のうち，教育に焦点をあてれば，そこには，教養教育，専門教育，専門職業教育，生涯学習のための教育など，多様な種類の教育活動が含まれる。そして多くの大学には，教育を行う組織として，学部，大学院，専門職大学院，生涯学習教育研究センターなどが設置されている。

また，教育を提供する形態に注目すれば，キャンパスに行って教室で授業を受けるという形態のほか，通信制の教育や，放送大学のようなテレビ・ラジオを使った教育も存在しているし，コンピュータ・ネットワークを利用した教育の提供も始まっている。

2．日本における大学教育の改革

(1)大学教育の枠組み

本節では，日本の大学教育の変遷と現状について，主として学部で行われる学士課程段階の教育に焦点をあてて検討したい。

第二次世界大戦後，日本の大学教育は，比較的しっかりとした枠組みを与えられてきた。1947年に，まず大学基準協会によって「大学基準」が作られた。そして1956年には，文部省令として「大学設置基準」が制定された。この「大学設置基準」は，大学の学部・学科といった基本組織，教員の資格・組織，収容定員（学生定員），教育課程，卒業要件，校地・施設・設備など，大学教育に関する諸要件を定めたものである。

表11-2　「大学基準」(1947年，一部抜粋)

第二　基準
七　授業科目及びその単位数決定は左の基準による。
　1　大学は左に掲げる一般教養科目中各系列に亘って夫々3科目以上，全体として文科系の大学又は学部では15科目，理科系の大学又は学部では12科目の授業を必ず用意しなければならない。
　　　人文科学関係　哲学（倫理学を含む），心理学，教育学，歴史学，人文地理学，文学，外国語
　　　社会科学関係　法学，政治学，社会学，統計学，家政学
　　　自然科学関係　数学，物理学，化学，地学，生理学，人類学，天文学
　　　必要の場合には前掲以外の科目を一般教養科目に加えることができる。
　2　専門科目については別に定めるところに依る。
　3　一科目に対する課程を終了した学生には単位を与えるものとする。
　　　各科目に対する単位数はつぎの基準に依って計算する。
　　　イ　講義に対しては1時間の講義に対し教室外における2時間の準備又は学習を必要とすることを考慮し毎週1時間15週の講義を1単位とする。
　　　ロ　数学演習の如き演習は2時間の演習に対し1時間の準備を必要とすることを考慮し，毎週2時間15週の演習を1単位とする。
　　　ハ　化学実験，機械実験，農場演習，工作演習，機械製図の如き実験室又は実習場における授業に対しては，学習は凡て実験室又は実習室において行われるものであることを考慮し，毎週3時間15週の演習又は実習を1単位とする。

　ここで最も初期の基準である「大学基準」の一部をみてみよう。表11-2は，授業科目と単位の算出基準に関する部分である。
　ここでは一般教養科目の内容が詳細に定められるとともに，単位の算出基準が講義，演習，実験それぞれについて具体的に規定されていたことが分かる。こうした基準をふまえて，120単位（卒業論文または卒業計画を含む）を取得することが学士号を得る条件とされていた。

このような基準は，一方では，各大学で行われる教育の最低水準を保障するものであり得るが，他方では，とくに1956年に，文部省令として「大学設置基準」が制定されて以降，各大学が自ら工夫して適切なカリキュラムを編成することを妨げる事態も生んだ。

　1991年には，大学審議会答申「大学教育の改善について」が出された。この答申では，「大学設置基準」をできるだけ大綱化し，個々の大学がその理念・目的にもとづき自由かつ多様な形態で教育を実施し得るようにする必要があるという認識が示され，それを受けて，同年「大学設置基準」の大幅な改正，いわゆる大綱化が行われた。

　この改正で最も大きく変わったのは，授業科目に関する規定である。改正直前の時点で，授業科目は一般教育科目，専門教育科目，外国語教育科目，保健体育科目に分けられていたが，そうした区分が撤廃されて，「大学は，当該大学，学部及び学科又は課程等の教育上の目的を達成するために必要な授業科目を開設し，体系的に教育課程を編成するものとする。」（第19条）とのみ規定され，教育課程をどのように編成するかは，各大学に任されることになった。

　また，これに伴って，各区分における履修義務や教員組織の基準も撤廃された。それから単位の算出基準についても，表11-2にあるような固定的な規定から，大学に一定の裁量を与えるような規定へと変更された。例えば，現在の規定では，講義や演習は，45時間の学修を必要とする内容で構成することを標準としたうえで，15時間から30時間までの範囲で大学が定める時間の授業を1単位とすることになっている。

(2)教育改革の現状

　こうした改正をふまえて，各大学では，不断にカリキュラムの改革を進めている。文部科学省の調査によれば[3]，1991年の「大学設置基準」大綱化をふまえて，全体の99％にあたる大学が2000年度までにカリキュ

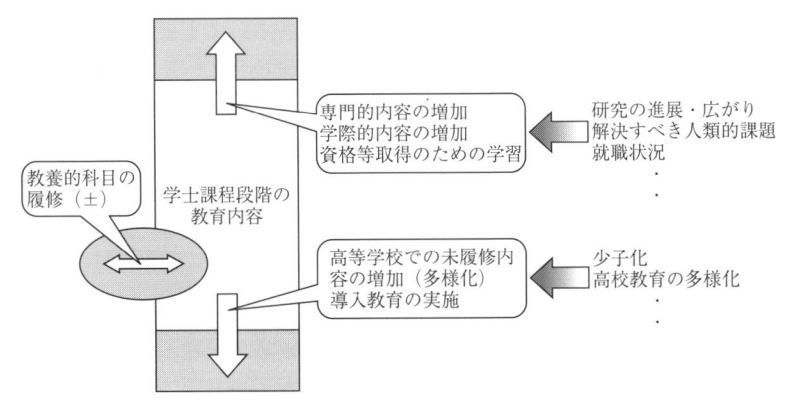

図11-1 大学の教育内容の変化

ラム改革を実施したが，2000年度から2003年度にかけて，約8割の大学がさらなる改革を行っている。これに伴って，教育内容も変化している。近年の主な変化を整理したのが図11-1である。

　変化の方向性は，大きく三つある。第一は，より高度化ないし専門化した内容の増加である。そうした教育内容としては，研究の進展や広がりに伴うより高度な内容や学際的内容，それから資格等取得のための科目などがある。二つ目として，以前なら高校で履修していた内容の増加が挙げられる[4]。この背景には，高校教育の多様化や，後述するような大学入学者選抜方法の多様化に伴って，大学教育を受けるのに必要な教科・科目を履修せずに大学に入ってくる学生が増加したことがある。これに関連して，討論・発表のしかたや図書館の使い方を含めた情報検索の方法などを習得させることを目的とした導入教育を取り入れる大学も増えてきている。そして三つ目の変化は，教養的科目に関するもので，これは増やす大学（学部）と減らす大学（学部）の両方がある。

　ただし，注意が必要なのは，こうした変化が，どの大学・学部でも同

じように起きているわけではないという点である。学士課程段階の教育に与えられた時間（4年間ないし6年間）は変化していないので，何かを増やすということは，別の何かを減らすことになる。したがって，教育内容は，以前に比べれば大学・学部によって多様なものになってきており，同じ名称の学部であったとしても，カリキュラムや実際に行われている授業の内容がかなり異なったものであるという場合も少なくない。

また，大学コンソーシアム京都やNICEキャンパス長崎のように，複数の大学が共同で授業科目を出しあい履修できるしくみが，各地で構築されている。このようなしくみが利用できるところでは，カリキュラムや提供される授業科目は，いっそう多様化する可能性がある。

これと同時に，大学教育を改善するための様々な取り組みも，多くの大学で進められている。先にも言及した文部科学省による調査の結果をみると，授業科目の目的や毎回の内容，成績評価方法などを詳細に記載した授業計画であるシラバスを作成する大学は，1992年では約15％にすぎなかったが，2004年になると99％に達しているし，少人数教育の実施，履修科目登録の上限設定（キャップ制），厳格な成績評価（GPA制度）の実施に取り組んでいる大学も，徐々に増加している。

また，授業改善を主たる目的として行われる学生による授業評価を実施している大学も，1992年の38大学（全体の7％）から2004年の691大学（同97％）へと大きく増えている。さらに，教員が授業内容や方法の改善・向上を目的として取り組む，ファカルティ・ディベロップメント（FD）を実施する大学も，やはり増加傾向にあり，2004年には，およそ75％の大学で実施されるまでになっている。

文部科学省は，近年，こうした様々な取り組みのなかから優れたものを選んで財政的に支援するというプログラムをいくつか進めている。一

つは,「特色ある大学教育支援プログラム」である。2003年度から始まったこのプログラムは,大学や短期大学で行われている教育方法や教育課程の工夫改善など,教育の質の向上に向けた取り組みが対象である。もう一つは,2004年度にスタートした「現代的教育ニーズ取組支援プログラム」であり,こちらは,あらかじめ設定された社会的要請の強い政策課題に関して大学,短期大学,高等専門学校で計画された取り組みが対象とされている。このほか,教員養成や医療人養成といった領域でも類似のプログラムが実施されている。

このように,とくに1991年の「大学設置基準」大綱化以降,各大学は,自らの理念や目的にふさわしい教育のあり方を模索するとともに,その質の向上をはかるために,様々な取り組みを積極的に進めており,文部科学省も,そうした各大学の取り組みを財政的にサポートする施策を始めているのが現状である。

(3) 大学入学者選抜方法の見直し

このような大学教育の改革と同時に,大学入学者選抜方法の見直しも進められている。「大学全入時代」とも言われる現在,大学の入り口は必ずしも従来のような選抜的なものではなくなってきており,大学入学者選抜も優秀な学生を選び出すよりも,その大学で学ぶのに必要な最低限の学力や学習内容を修得しているかどうかを確認する役割が徐々に大きくなってきている。それに伴い,選抜の過程を大学教育の一環とみなす見方も広がりつつある。

見直しのキー・ワードは「多様化」であり,各大学が示す入学者受入方針(アドミッションポリシー)にしたがって各大学が多様な選抜方法の設計を行うことが求められている。一般選抜とよばれる,学力試験を主とした選抜が中心的な選抜方法であることは現在でも変わりないものの,入学者全体に占める比率は60%程度となっている。一方,学力試験

表11-3 大学入学者選抜の状況（2004年度）

	合　　計	一 般 選 抜	推薦入学等	AO 入 試	そ　の　他
国立	102,158 (100.0)	88,743 (86.9)	11,199 (11.0)	1,270 (1.2)	946 (0.9)
公立	24,369 (100.0)	19,142 (78.6)	4,749 (19.5)	93 (0.4)	385 (1.6)
私立	460,872 (100.0)	241,058 (52.3)	188,794 (41.0)	27,624 (6.0)	3,396 (0.7)
合計	587,399 (100.0)	348,943 (59.4)	204,742 (34.9)	28,987 (4.9)	4,727 (0.8)

注：「その他」には，専門高校・総合学科卒業生選抜帰国子女特別選抜，中国引揚者等子女特別選抜，社会人特別選抜が含まれる。
出典：文部科学省，2004年にもとづき筆者作成。

を主としない選抜として推薦入学特別選抜が以前から実施されているが，最近はこれに加えてアドミッション・オフィス入試（以下，AO入試）を導入する大学が増えてきている。一般選抜を経ない学生の多くは推薦入学で選抜されているが，AO入試を経て入学した者も2004年時点で全体のおよそ5％を占めるに至っている（表11-3）。

また，各選抜方法で用いられる検査方法も多様化している。とくにAO入試は，求める学生像を明確にしたうえでそれに合致するかどうかについて受験生の能力や適性，意欲などを多面的,総合的に評価することをめざしていることから,推薦入学で通常用いられる小論文（課題論文,作文）や面接だけでなく，各大学で工夫した多様な方法がとられている。

3．大学教育の評価

(1)評価活動の導入と現状

上述のような大学教育に関する「規制緩和」に伴って，大学教育評価

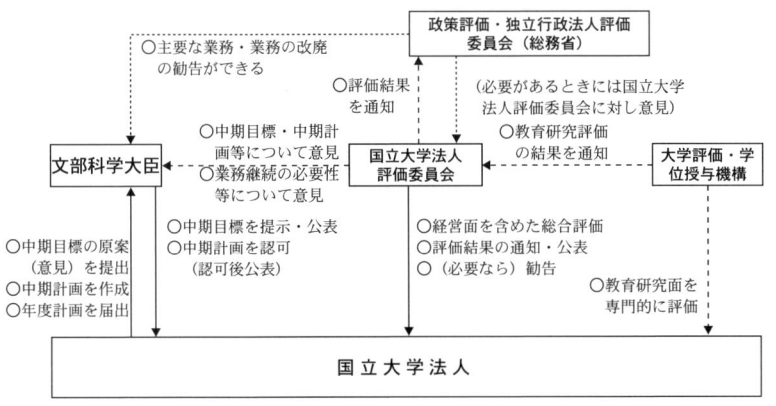

図11-2　国立大学法人の評価のしくみ

出典　『IDE 現代の高等教育』2003年8-9月号，60頁の図を参照して作成。

の動きが進んでいる[5]。先にも触れた1991年の「大学設置基準」大綱化の際，「大学は，その教育研究水準の向上を図り，当該大学の目的及び社会的使命を達成するため，当該大学における教育研究活動等の状況について自ら点検及び評価を行うことに努めなければならない」（第2条）との規定が盛り込まれ，大学自らによる自己点検・評価の努力義務が明記された。そして1997年までには8割を超える大学が，少なくとも一度は自己点検・評価の作業を行ったとされる。

しかし，1998年の大学審議会答申「21世紀の大学像と今後の改革方策について」では，自己点検・評価について形式的な評価に陥り教育研究活動の改善に十分結びついていないとか，外部への情報発信が足りないといった状況があると指摘され，第三者評価システムの導入が提言された。これをふまえて，1999年には，「大学設置基準」が改正されて自己点検・評価の実施と結果の公表が義務化されるとともに，2000年には，第三者評価機関として，従来の学位授与機構を改組する形で大学評価・

学位授与機構が発足した。さらに2002年には、「学校教育法」が改正されて、大学が教育研究等の状況について自己点検・評価を行うことや、一定期間ごとに認証評価機関による評価を行うことが規定された。

こうした状況に加えて、国立大学は、2004年度に法人化したことによって、その枠組みにおいても、評価を受けることになった（図11-2）。国立大学法人は、大学評価・学位授与機構による教育研究面での評価を受けると同時に、国立大学法人評価委員会によって、経営面も含めた業績の総合的な評価を受けることになっている。国立大学法人評価委員会は、総務省に置かれている政策評価・独立行政法人評価委員会に評価結果を通知することになっており、また、文部科学省に対して、各大学の中期目標・中期計画案についての意見や業務継続の必要性等についての意見を示すことができることになっている。

このほか、先に紹介した「特色ある大学教育支援プログラム」や「現代的教育ニーズ取組支援プログラム」といった文部科学省の支援プログラムも、優れた取り組みを選定するという点では、ある種の評価を行っているとみなすことができる。

大学という多様な活動を行っている複雑な組織を、総体として評価することは容易ではない。とりわけ教育活動は、その成果が活動終了時点ですぐに明らかになるとは限らず、一定の期間を経た後に現れるという側面もあるため、どのような評価をするのかを決めるのは、いっそう困難である。また、適切な評価項目と評価方法を用いなければ、「大学設置基準」の大綱化によって多様化した各大学のカリキュラムを、うまく評価できないだろう。画一的なやり方をすれば、むしろそうした多様性を阻害するおそれもあることには注意が必要である。

これらの大学全体を対象とした評価以外に、個別のカリキュラムを評価対象にしたものもある。日本技術者教育認定機構（JABEE）が実施

している日本技術者教育認定制度は，そうした例の一つである。この制度は，大学などが行う技術者の育成を目的とする専門教育プログラムが，技術者として活動するために必要な最低限度の知識や能力の養成に成功していることを認定することを目的としており，4年間の教育プログラムが達成する教育成果が，評価の対象である。

認定審査は，教育活動の成果，教育活動の有効性，教育活動の品質という観点から，
　①学習・教育目標
　②学習・教育の量
　③教育手段
　④教育環境
　⑤学習・教育目標達成度の評価と証明
　⑥教育改善
などの項目を含む自己点検書の評価と実地審査によってなされる。

この制度では，一定のカリキュラムや達成度を押しつけたり，教育機関の教育レベルを調べて順位づけし公表したりするものではないことが強調されている[6]。

(2) 大学ランキング

これらの評価が大学における教育・研究の質の向上を目的として行われるものだとすれば，様々な機関や組織が実施する大学ランキングは教育・研究の現状をいくつかの指標によって明らかにしようとするものである。入学難易度を示すいわゆる偏差値は，以前から広く流布しているランキング指標の一つであるが，近年は，大学受験に直接関係する雑誌だけでなく，経済関係雑誌なども「役に立つ大学」といった特集を組んで大学のランキングを試みている。

また，しばしば話題になるように，世界の大学ランキングのような国

際的なランキングが発表されることもある。このようなランキングは，量的指標を用いることが多く，数字にならない部分が含まれにくいという面がある。また大学がその結果をみて何らかの改善を進めるということも必ずしも期待されているわけではないので，それがどの程度大学の教育改善につながるかははっきりしない。しかし，18歳人口が減少するなかで入学生の質・量を確保するためには，広く公表されるランキングの結果を考慮しようとする大学もあるだろう。それがいきすぎると単に数字で示される部分の手直しに終始することにもなりかねないが，大学が行っている教育・研究活動を見直すきっかけの一つとしては，そうしたものも参考になるかもしれない。

《註》
1) P.G.アルトバック，1994年，13頁。
2) ジョセフ・ベン＝デービット，1982年，15頁。
3) 文部科学省による調査「大学における教育内容等の改革状況について」（2000年度までは「大学におけるカリキュラム等の改革状況について」）の結果は『大学資料』に掲載されているし，近年の結果については同省のホームページ（http://www.mext.go.jp/）でもみることができる。
4) 文部科学省の調査によれば，2004年時点で約61％の大学が高等学校での履修状況への配慮を行っている。具体的には，補習授業の実施や，既習組・未習組にわけた授業の実施などがある。これと関連して，高校関係者との定期的な意見交換を行っている大学も全体の約33％に達している。
5) 本節の記述は，喜多村（2002）を参考にした。
6) 以上の記述は，日本技術者教育認定機構のホームページ（http://www.jabee.org/）による。

●引用・参考文献
① 荒井克弘・橋本昭彦編『高校と大学の接続　入試選抜から教育接続へ』玉川大学出版部，2005年
② P.G.アルトバック，馬越徹監訳『比較高等教育論』玉川大学出版部，1994年
③ 市川昭午『未来形の大学』玉川大学出版部，2001年
④ 喜多村和之『大学は生まれ変われるか　国際化する大学評価のなかで』(中公新書1631) 中央公論新社，2002年
⑤ 土持ゲーリー法一『戦後日本の高等教育改革政策』玉川大学出版部，2006年
⑥ マーチン・トロウ，天野郁夫・喜多村和之訳『高学歴社会の大学—エリートからマスへ—』東京大学出版会，1976年
⑦ ジョセフ・ベン＝デービット，天城勲監訳『学問の府　原典としての英仏独米の大学』サイマル出版会，1982年
⑧ 文部科学省「平成16年度国公私立大学入学者選抜実施状況」(http://www.mext.go.jp/b_menu/houdou/16/10/04100604/001.htm，2005/05/22)，2004年

●学習課題
(1)現在の大学がどのような機能を担っているのかを整理しよう。
(2)いくつかの大学のホームページで，その大学がどのような教育課程を編制しているのか，またどのような教育内容を特色として打ち出しているのかを確認しよう。
(3)大学評価活動やランキングでどのような指標が用いられているかを調べてみよう。そして，そうした評価の結果やランキングが大学の組織や活動のうち何を対象にしていて何を対象にしていないのかを考えてみよう。

12. 生涯学習の展開

南部　広孝

《ポイント》 1960年代に登場した生涯学習（生涯教育）という考え方は今日の教育を考える重要な視点を提供している。生涯学習の理念と日本における展開をふまえて，今後生涯学習活動を進めていくうえでの課題を明らかにする。
《キー・ワード》 1.生涯教育　2.学習社会　3.リカレント教育　4.生涯学習　5.学校教育　6.公開講座　7.自己教育力

1．生涯教育理念の登場

(1)ユネスコにおける生涯教育理念

一生涯にわたって学び続けることが重要であるという考えは，何も新しいものではない。例えば，中国では，『荀子』勧学篇の冒頭に「学は以て已むべからず」（学問は継続して修めなければならない）という言い方がある。また，日本でも，江戸後期の儒学者である佐藤一斎（1772-1859）は，自らの著書『言志晩録』で，「少くして学べば，則ち壮にして為すあり。壮にして学べば，則ち老ゆとも衰へず。老いて学べば，則ち死すとも朽ちず」と述べている。

しかし，現在のように学校教育が整備されたなかで，生涯学習（生涯教育）の重要性が指摘されるようになったのは，1960年代である。その嚆矢は，ポール・ラングラン（Lengrand, P.）だとされている。彼は，1965年に開かれたユネスコの第3回成人教育推進国際委員会において，「エジュカシオン・ペルマナント」（éducation permanente）という題

目のワーキングペーパーを提出し、そのなかで、「教育は、人間存在のあらゆる部門に行われるものであり、人格発展のあらゆる流れのあいだ―つまり人生―を通じて行われなくてはならない」ものであると提唱した。そして、そのために「学校教育、社会教育などのいままでのいろいろの異なった教育活動のタイプ・様相として壁によって仕切られていたくぎりが、とりはらわれなくてはならない」とし、青少年教育と成人教育の一致、一般教育と職業教育の一致の必要性を主張した。

このうち、前者の青少年教育と成人教育の一致においては、伝統的な学校の目的やカリキュラム、教育方法などの変革を必然的に伴うことが示されている。教育を通じて与えられる知識も、従来のような固定的で「百科全書的」な知識ではなく、つねに変化したえず発展するものだととらえられている[1]。

彼は、このような生涯教育が必要な理由として、
- ①人口の増大
- ②技術の進歩
- ③社会構造の変化
- ④新しい責任
- ⑤文化のデモクラシー
- ⑥余暇の問題
- ⑦生活と行動の模範の消失
- ⑧教育の目的の変化

の8点をあげている。

ここでとくに強調しておきたいのは、生涯教育が、学校教育段階を過ぎた者のみを対象としているわけではないという点である。それは、すでに述べたように学校教育と対立するものではなく、学校教育や社会教育（成人教育）を包括した教育全体の再構築をめざす考え方である。し

たがって,生涯教育の考え方が広まることによって学校教育が不必要になるというわけではなく,学校教育も,生涯教育の観点から見直されることが求められるのである。

ラングランが提唱した「エジュカシオン・ペルマナント」は,そのまま英訳すれば permanent education となるが,この語では,一生涯学校に通い続けて教育を受けるというイメージが強いことから,英語では life-long education と表現された。そして,これが日本語に訳されて「生涯教育」となった。

(2) 「学習社会」と「リカレント教育」

ユネスコは,また,1972年に報告書『Learning to be』(邦訳は『未来の学習』)を出版した。

この報告書では,将来的な社会と学校との関係のあり方として「学習社会」が提唱され,その中心的思想として生涯教育が位置づけられた。従来の学校教育について「若い時期に,一生を通じて通用するような一連の知的,技術的素養を獲得するという考え方は,もはや時代遅れで」あると批判したうえで,新しい教育,すなわち「生きることを学ぶこと,一生を通じて新しい知識を吸収できるように,学習することを学ぶこと,自由にかつ批判的に考えることを学ぶこと,世界を愛し,それをより人間的なものにすることを学ぶこと,創造的仕事を通じてそのなかで自分を発達させることを学ぶこと」が必要である,と主張された[2]。そして,こうした教育を一生涯にわたって受けられるような社会「学習社会」の建設を提案したのである。

ほぼ同じ時期,OECD(経済開発協力機構)からは,「リカレント教育」(recurrent education)が提案された。これは,人生の初期に集中的に学校教育を受けて,その後は労働やレジャーを行う固定的なパターンをとるのではなく,一生涯を通じて,教育と労働やレジャー等を交互

に繰り返すという考え方である。そして、そのために、経済的・社会的諸施策と関連させながら、既存の教育制度を生涯にわたって教育を受けるのにふさわしいものへと変革することを求めた。

このように、1960年代以降、ユネスコとOECDが主導的な役割を果たすことによって、生涯教育という考え方が、世界的に広まってきたのである。

2．日本の教育政策における生涯学習理念

(1)生涯教育理念の導入

以上のような世界的動向を受けて、日本でも、生涯教育・生涯学習の考え方が徐々に取り入れられてきた。国の政策を中心に、その過程を整理すると、次のようになる。

1971年、社会教育審議会から答申「急激な社会構造の変化に対処する社会教育のあり方について」が出された。この答申は、社会教育のあり方を提言したものであるが、その前提として、「現代のごとく変動の激しい社会では、いかに高度な学校教育を受けた人であっても、次々に新しく出現する知識や技術を生涯学習しなくてはならない」から、生涯教育が必要であり、しかも生涯教育という考え方が、「生涯にわたる学習の継続を要求するだけでなく、家庭教育、学校教育、社会教育の三者を有機的に統合することを要求している」と述べている。

同じ年に中央教育審議会から出された答申「今後における学校教育の総合的な拡充整備のための基本的施策について」は、「四六答申」と呼ばれる重要な答申の一つである。このなかでは、生涯教育の観点から教育体系全体の総合的な再検討を進めることが必要であり、そのために家庭教育、学校教育、社会教育を見直さなければならないことが示され、とくに学校教育の改善の方向の一つとして、「義務教育以後の学校教育

を一定の年齢層の者だけに限定せず,国民一般が適時必要に応じて学習できるようにできるだけ開放すること」が挙げられた[3]。

1981年,中央教育審議会から「生涯教育について」という答申が出された。この答申では,生涯学習が,各人が自発的意思にもとづいて行うことを基本とし,必要に応じて自己に適した手段・方法を自ら選んで生涯を通じて行う学習だと定義された。そして,そのような生涯学習のために「自ら学習する意欲と能力を養い,社会の様々な教育機能を相互の関連性を考慮しつつ総合的に整備・充実」するのが生涯教育の考え方であるとし,社会全体がこの考え方に立って学習社会の方向をめざすことが望まれると提言した。その背景として,

　①社会・経済の急速な変化によって様々な知識・技術等を習得する必要性が高まっていること
　②人びとの教育的・文化的要求が増大しつつあること
　③人びとの多様な活動を可能にする社会的・経済的条件が整いつつあること
　④日本社会が生き生きとした社会を維持し,そのいっそうの発展を図るために社会が適切に対応しなければならないこと

が挙げられている。そのうえで,人の生涯を成人するまでの時期,成人期,高齢期の3期にわけ,それぞれの時期における現状や課題について整理している。

(2)生涯教育から生涯学習へ

1984年から1987年にかけて設置された臨時教育審議会は,内閣総理大臣の諮問を受けて,四次にわたる答申を提出した。そのうち,第一次答申では,「生涯学習体系への移行」が教育改革の基本的な考え方の一つとして掲げられ,中高年齢人口の比重の高まり,国民の価値観の高度化・多様化,社会の情報化や国際化の進展などによって,「生涯学習社

会」,「働きつつ学ぶ社会」を建設することが重要であると主張された。
　また，第四次答申では,「生涯学習体系への移行」の具体的方策として,
　　①学歴社会の弊害の是正と評価の多元化
　　②家庭・学校・社会の諸機能の活性化と連携
　　③スポーツの振興
　　④生涯学習の基盤整備
の4点が挙げられた[4]。
　臨時教育審議会の答申は，一貫して「生涯教育」という語を避け，「生涯学習」という表現を用いている。その理由としては，学習する側の自由な意思を強調し学習者の視点に立つという考え方や，幅広い日常の主体的活動を学習としてとらえたいという考え方があった，とも言われている[5]。
　1987年には，これらの臨時教育審議会答申をふまえて，教育改革推進大綱が閣議決定され，生涯学習の基盤整備を図るとともに，生涯学習体系への移行に対応するため，文部省（現在は文部科学省）の機構改革を行うことになった。これが，生涯学習（生涯教育）が教育理念から「政策」へと移行した大きなきっかけだったと言われている[6]。そして翌年，文部省は，社会教育局を改組して生涯学習局（現在は生涯学習政策局）を設置し，それを同省の筆頭局と位置づけた。同時に，多くの地方自治体で生涯学習を担当する部署が設置された。
　中央教育審議会は，また，1990年1月に「生涯学習の基盤整備について」という答申を出した。この答申では，生涯学習のいっそうの振興を図るため，行政機関における連絡調整組織の設置，生涯学習推進の中心機関の設置，生涯学習活動重点地域の設定，民間教育事業への支援を提言した。この答申を受けて，同年7月，「生涯学習の振興のための施策

表12-1　生涯学習審議会答申一覧

年月日	答申名
1992年7月29日	今後の社会の動向に対応した生涯学習の振興策について
1996年4月24日	地域における生涯学習機会の充実方策について
1998年9月17日	社会の変化に対応した今後の社会教育行政の在り方について
1999年6月9日	学習の成果を幅広く生かす―生涯学習の成果を生かすための方策について
1999年6月9日	生活体験・自然体験が日本の子どもの心をはぐくむ―「青少年の「生きる力」をはぐくむ地域社会の環境の充実方策について」
2000年11月28日	新しい情報通信技術を活用した生涯学習の推進方策について―情報化で広がる生涯学習の展望

の推進体制等の整備に関する法律」(略称「生涯学習振興法」)が施行された。これは、日本で初めて生涯学習という語を用いた法律であるが、名称からも明らかなように、生涯学習の振興そのものではなく、それを可能にする行政における推進体制の整備を目的としている。

具体的には、都道府県が生涯学習を振興するための諸施策を講じること、都道府県が文部科学省および経済産業省の基準をふまえて特定地区における地域生涯学習振興基本構想を作成すること、都道府県に生涯学習審議会を設置することなどを規定している。同年8月には、この法律にもとづいて文部省に生涯学習審議会が設置された。この審議会は、2001年に中央教育審議会に組み入れられるまでに、6つの答申を提出している(表12-1)。

このように、1970年代に取り入れられはじめた生涯教育という考え方は、1980年代になって、政策的には生涯学習という語に取って代わられ、またそれを促進させるための基盤整備が進められた。そして1990年

代以降は，さらなる基盤整備とともに様々な振興策が実施されているのである。

(3)学習人口

　それでは，日本の学習人口は，現在どれくらいの規模なのだろうか。図12－1は，文部科学省が各種統計を整理してまとめたものである。

　この図は，文部科学省（文部省）が編集する『文部科学白書』（2000年度までは『我が国の文教施策』）に毎年掲載されている。図12－1にある数値を，同書が初めて刊行された1988年度のものと比べてみると，高等学校以下の学校教育を受ける人数が大きく減少する一方で，高等教育を受ける人数は大学院教育も含めてかなり増加し，また，各種学級・講座の受講者も増加傾向にあることがわかる。

3．生涯学習と学校・大学

(1)生涯学習の拠点としての学校

　第1節で説明したように，生涯教育（生涯学習）という考え方には，従来の学校教育に対する反省や批判が含まれているが，だからといって，生涯学習を志向する社会において学校教育が不必要であるというわけではない。むしろ，そのような社会の基盤として学校教育をいっそう充実させることが求められるのである。

　生涯学習を志向する社会における学校の役割を考えるとき，次の二つの視点が重要である。

　一つは，学校を生涯学習の拠点あるいはセンターにするという視点であり，もう一つは，学校教育を通じて生涯学習の基礎としての自己教育力を育成するという視点である。本節では，これらの視点から，学校教育の現状を検討する。

　第一の視点から，学校・大学のあり方を考える場合，中等教育段階に

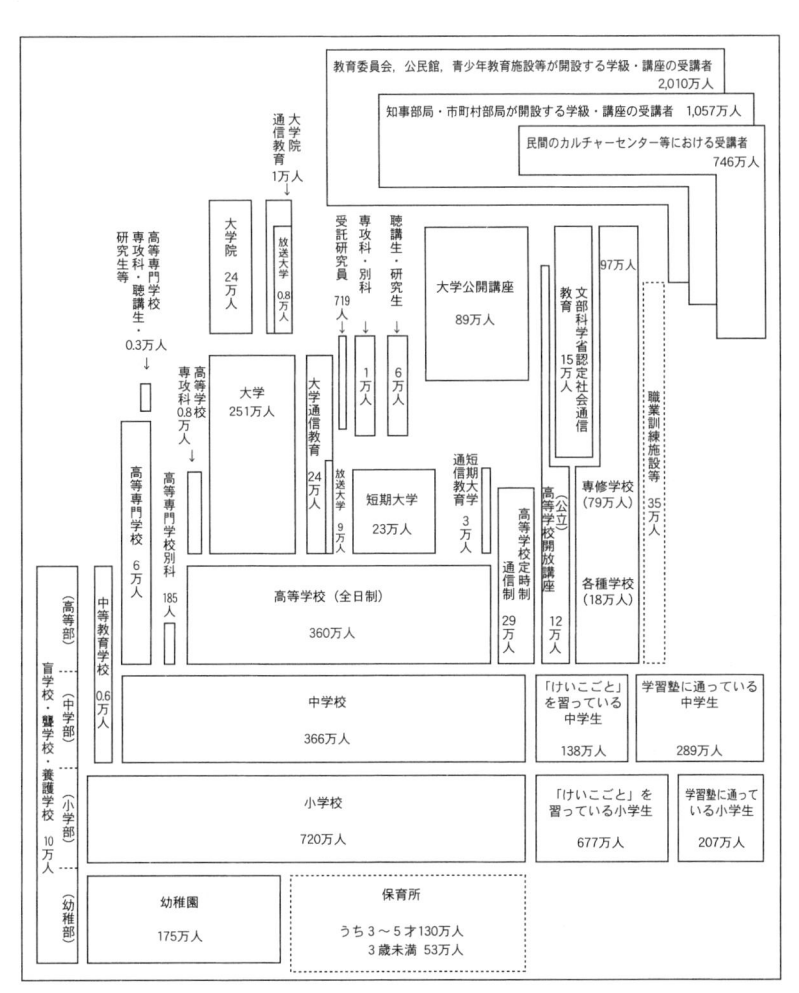

出典：文部科学省，2005年 a，445頁。

図12-1　日本の学習人口（2004年度）

おける単位制高等学校の設置なども大きな変化であるが，とくに重要なのは，高等教育段階における様々な取り組みである。具体的には，生涯学習を促進する機関やシステムの導入と既存の大学の利用とがあり，後者には，大学の正規課程への学生の受け入れや大学の社会への開放などが含まれる。

　生涯学習を促進する機関やシステムの導入についてみれば，最初に挙げられるのは，放送大学の存在である。

　広く大学教育の機会を提供する生涯学習機関として放送大学が設立されたのは，1983年である。1985年に，放送による授業が始まり，1989年に，第一回の卒業式が行われている。それ以降，2005年9月末までにあわせて3万7429人が卒業している。また，2002年からは，大学院段階の授業も始まっている。

　2005年第1学期に教養学部で学ぶ学生（8万7,391人）の年齢構成をみると，30歳代（2万4,368人）と40歳代（1万9,509人）で全体の半数となり，50歳以上の者も全体の30％を占めている。大学院課程で学ぶ学生（7,413人）では，40歳代（2,560人）が最も多くて全体の3分の1を占め，30歳代（1,716人）と50歳代（1,691人）がほぼ同数となっている[7]。

　また，前節でも言及した臨時教育審議会の答申（第二次答申），それから1991年2月の大学審議会答申（「学位授与機関の創設について」）にもとづいて，1991年7月に学位授与機構が設置された。

　この機構が審査・認定を行う対象は，
　　①短期大学や高等専門学校の卒業者が大学の科目履修生制度等を利用して継続して行った学習の成果
　　②大学に類する教育施設での学習成果
である。

　前者に関しては，学習の場が一つの大学に限定されたり一定の在学年

限が設定されたりすることがなく，個々の学習者のニーズに応じた学習が展開できるという点が大きな特徴となっている。①の学習成果が認められて学士学位を授与された人数は，1992年から2005年8月までで1万7,527人である[8]。

　既存の大学でも，様々な施策が進められている。

　第一は，すでに働いている人びとの正規課程への受け入れである。2003年の状況をみると[9]，入学者の選抜にあたって学部段階，大学院段階で社会人を対象とした特別選抜を実施している大学は，それぞれ452大学，362大学となっているし，昼夜開講制を実施している大学は，学部段階では76大学，大学院段階では262大学に達している。また，21大学では夜間大学院が設置されている。通信制による教育を行っているのは，放送大学を除いて，学部段階では30大学，大学院段階では14大学となっている。

　それから単位認定の弾力化が図られている。大学入学前の専門学校における学修や技能審査合格に関わる学修の単位認定を行う大学が，それぞれ350大学，246大学あり，大学入学後の専門学校における学修や技能審査合格に関わる学修の単位認定を行う大学が，それぞれ299大学，279大学ある。こうした大学以外の教育施設等での学修を単位認定する大学は，徐々に増加している。これらはいずれも，社会人，とくにすでに職業に就いている人が大学で学ぶのを容易にするための取り組みである。

　第二に，科目等履修生制度による受け入れがある。この制度は，正規の科目の一部を履修し，その学習成果を単位として認定するものである。2003年時点で，全体の94％にあたる659大学が，科目等履修生制度を導入していて，延べ1万8,720人が科目等履修生として受け入れられている。

　第三に，大学の社会への開放の一側面として，公開講座の開催が挙げ

られる。大学の公開講座は，欧米では100年以上の歴史があると言われるが，日本では，戦前に行われた例もあるものの，実施する大学の数は，1960年代以降徐々に増え，1970年代後半から急速に増加した。2003年時点で，全体の94％にあたる658大学があわせて2万近い公開講座を開設している。先にあげた図12-1をみると，2004年には89万人が大学の公開講座に参加している。

　最近では，高校生を対象とした公開講座の実施や，学外でのサテライト教室の設置によるよりアクセスしやすい場所での公開講座の開催なども進められている。

　このほか，図書館や体育館，プールといった施設を学外の人びとに開放することも，社会に対する大学の開放に含まれる。

(2)自己教育力を育成する学校

　次に，学校教育を通じて生涯学習の基礎としての自己教育力を育成するという二つ目の視点について検討しよう。

　この点については，とりわけ初等・中等教育段階における教育内容や方法の改善が重要である。

　1996年に，中央教育審議会から出された答申「21世紀を展望した我が国の教育の在り方について」のなかで，これからの学校では，知識を一方的に教えることになりがちであった従来のやり方を改め，生涯学習社会に必要な自ら学び，自ら考える力，すなわち「生きる力」を育成することが重要であることが示された。そのために，教育内容の厳選，横断的・総合的な学習の推進，教育課程の弾力化，指導方法の改善などが提言された。

　これを受けて，2002年から実施されている学習指導要領が作成され，
　　①週休2日制の導入
　　②教育内容の厳選

③「総合的な学習の時間」の導入
　④柔軟な教育課程編成の容認
などが行われてきた。

　いわゆる「ゆとり教育」に対しては批判もあり，2003年には，学習指導要領は，あくまでも最低基準であって，それを確実に指導したうえで，そこに記載されていない内容についても教えてよいという方針が文部科学省から出されたが，考え方としては，教育を学校だけで完結させるのではなく，子どもたちに「生きる力」を身につけさせることが志向されている。

　また，第11章でも言及されているように，近年の大学教育改革のなかで，討論・発表のしかたや，図書館の使い方を含めた，情報検索の方法などを習得させることを目的とした導入教育を取り入れる大学も増えてきている。これは，直接には，大学教育を円滑に行うための準備という側面が強いが，こうした教育を通して，大学を卒業したあとも，自ら継続して学ぶための基礎を固めることも期待される。

4．これからの課題

　最後に，今後の課題として，三つの点を指摘しておきたい。
　第一は，より多くの人が生涯学習に関わる活動に参加できるようにする必要があることである。
　2005年に内閣府が実施した「生涯学習に関する世論調査」の結果によれば，最近1年間に，この調査で，生涯学習に関わる活動として挙げられたどの活動も行っていないと回答した人の比率が51.5％となっている。行っていない理由として最も比率が高かったのは，「仕事や家事が忙しくて時間がない」（53.4％）で，「きっかけがつかめない」（15.6％），「特に必要がない」（14.5％），「めんどうである」（13.2％）などが続い

ている[10]）。

　生涯学習が自己学習も含むことを考えると，教育施設の整備・拡充が必ずしも生涯学習のいっそうの促進の前提になるわけではないが，それでも，学びたいという希望を持つ人びとがアクセスしやすい設備や施設を整えることは重要である。また，生涯学習に関わる行政機関や各種教育機関，民間教育事業組織は，人びとの学習ニーズを的確に把握し，それに対応した学習機会を提供することが求められる。

　第二に，いくら施設や設備が充実したとしても，それを利用しようとする人びとが増えなければ生涯学習の活性化には結びつかない。そのためには社会全体で生涯学習の重要性が共通に認識される必要があり，そうした認識にもとづいて，人びとの時間的・経済的余裕が確保されたり，生涯学習の成果が適切に評価されるしくみを取り入れたりする努力が続けられなければならない。

　第三に，何よりも一人ひとりが生涯学習の意義を認め，主体的に諸活動に参加するようにしなければならない。上のような諸課題が解決するとしても，生涯学習の目的がよりよく生きるためであるとすれば，いつ何をどのように学ぶのかは自らが決定すべきことであるし，最終的には自ら学び，自ら考えることが求められるのである。

《註》
1 ）森，1970年，258-284頁。
2 ）ユネスコ教育開発国際委員会，1975年，98-99頁。
3 ）本節の中央教育審議会答申はすべて教育事情研究会（1992年）による。
4 ）臨時教育審議会の答申については教育政策研究会（1987年）による。
5 ）文部省，1988年，14-15頁。
6 ）川野辺・山本，1999年，65頁。
7 ）放送大学のホームページ（http://www.u-air.ac.jp/hp/guide/guide06.

html）による。
8）大学評価・学位授与機構のホームページ（http://www.niad.ac.jp/）による。
9）以下の2003年の数値は，通信制による教育を行う大学に関する数値が文部科学省（2005b）によるのを除いて，いずれも文部科学省（2005c）による。
10）内閣府大臣官房政府広報室，2005年。

● 引用・参考文献
① 川野辺敏・山本慶裕編著『生涯学習論』福村出版，1999年
② 教育事情研究会編『中央教育審議会答申総覧（増補版）』ぎょうせい，1992年
③ 教育政策研究会編『臨教審総覧＜上巻＞』第一法規，1987年
④ 瀬沼克彰『発展する大学公開講座』学文社，2005年
⑤ 内閣府大臣官房政府広報室「生涯学習に関する世論調査」（http://www8.cao.go.jp/survey/h17/h17-gakushu/index.html），2005年
⑥ 森隆夫編『増補　生涯教育』帝国地方行政学会，1970年
⑦ 文部科学省編『文部科学白書（平成16年度）』国立印刷局，2005年 a
⑧ 文部科学省『文部科学統計要覧（平成17年版）』国立印刷局，2005年 b
⑨ 文部科学省「大学における教育内容等の改善状況について」（http://www.mext.go.jp/b_menu/houdou/17/03/05060902.htm），2005年 c
⑩ 文部省編『我が国の文教政策（昭和63年度）』大蔵省印刷局，1988年
⑪ ユネスコ教育開発国際委員会，国立教育研究所内「フォール報告書検討委員会」訳『未来の学習（Learning to be）』第一法規，1975年

●**学習課題**
(1)現代社会において生涯学習が必要な理由を400字程度でまとめよう。
(2)「生涯教育」という語と「生涯学習」という語の意味やニュアンスの違いを考えてみよう。
(3)表12-1に挙げた生涯学習審議会答申や2001年以降に出された中央教育審議会答申を図書館やインターネットで探し、生涯学習の振興に向けてどのような施策が提言されているか調べてみよう。

13

国際化と教育

江原　武一

《ポイント》　日本における国際化と教育をめぐる諸問題を，国際化のための教育（国際理解教育，外国語教育，日本語教育など）と教育システムの国際化（教育システムの標準化，海外子女教育・帰国子女教育，在日外国人教育など）を中心に考察し，国際化時代における教育のあり方を考える。
《キー・ワード》　1.教育の国際化　2.国際理解教育　3.外国語教育　4.日本語教育　5.学校組織の普遍化　6.海外子女教育・帰国子女教育　7.在日外国人教育

1．国際化時代の教育

(1)国際的視点の意義

　日本の教育のあり方を考える際には，日本の教育だけでなく，諸外国の教育の動向や日本と諸外国との関係を国際的な視点から理解することが非常に重要である。多くの人びとにとって，自分の個人的な教育経験は限られている。たとえば，ほとんどの人は幼稚園や保育所をはじめ，小学校や中学校，高等学校を一校しか経験していないし，外国の学校で学んだことのある人もそれほど多くないからだ。個人的な教育経験は，日本の教育のあり方を考える際に，最も具体的で実感のある貴重な情報源である。しかし，そうした個人的な教育経験や日本の教育の実状を国際的な視点から相対化して理解すれば，日本の教育について，いっそう

豊かなイメージを描くことができる。

　日本の教育改革でも，海外の動向は自国の長所や弱点をチェックする「合わせ鏡」として活用されてきた。日本は，日本社会にふさわしい教育改革を実施する必要があるが，その是非を判断したり，新しいアイデアを生み出すのに，国際的な視点は大いに役に立つからだ。また，日本と諸外国との関係が緊密で頻繁になるにつれて，教育の分野でも，相互理解や国際協力の推進がますます要請され，国際化に対応した教育のあり方が問われるようになった。この講義では，そうした国際的視点を重視する立場から，「教育の国際化」をキー・ワードにして，国際化時代における日本の教育のあり方を探ってみたい。

(2)注目される教育の国際化

　日本では，教育の国際化は1980年代以降広く注目されるようになった。たとえば，84年に設置された臨時教育審議会の答申は，日本社会の国際化にともない，教育の分野でも国際化に対応する必要があることを提言している。

　具体的な問題としてとりあげられたのは，
　　①海外子女・帰国子女教育への対応
　　②留学生受入れ体制の整備・充実
　　③外国語教育の見直し
　　④日本語教育の充実
　　⑤国際的視野における高等教育のあり方
　　⑥日本人としての主体性の確立と相対化

である。その後の文部省の教育政策は基本的に，この方針に沿って進められ，様々な施策が実施されてきている。

　このような教育の国際化への関心の高まりには，次の三つの理由が考えられる。一つ目は，日本の経済が著しく成長し，日本の動向によって

諸外国の経済や政治が大きな影響を受けるようになったことである。日本が第二次世界大戦後経済的に貧しかった時には、その対外的な影響力はそれほど大きくなかった。しかし、経済の高度成長期（1955-73年）を経て経済大国になると、日本は、世界の動向を左右するようになり、諸外国との相互理解や国際協力をますます要請されるようになった。

また、日本は、天然資源が乏しいため、原料を輸入して優れた製品を生産し、それを輸出していく必要があるが、それに加えて、近年では、日本の資本が海外に投資されたり、日本の人びとが海外で活躍するようになった。海外投資を適切に行うためには、直接の投資先をはじめ、海外の事情をそれまでよりもはるかに総合的に理解することが求められる。海外に支店や現地工場などが設置され、数多くの日本の人びとが働くようになったため、彼らの海外での生活条件や帰国後の処遇などに適切に配慮することも重要な課題である。

それだけでなく、近年では、国内の経済活動を維持・発展させるために、未熟練労働者や非熟練労働者を中心に大量の外国人労働者を受け入れるようになり、その処遇をめぐる問題が社会的な関心を集めている。彼らが労働者として短期間滞在して帰国する場合には、それほど深刻な社会問題にならないかもしれない。しかし、その数が増えただけでなく、長期にわたって滞在し、家族をもち、子どもが生まれるようになるにつれて、社会保障や住宅問題などとともに、彼らとその子どもに対する教育機会の整備が重要な課題になった。

(3)国際化と教育

教育の国際化が80年代以降注目されるようになった二つ目の理由は、このことと関係している。製品や資本を輸出していた時期と違って、国境を超えた人的な交流が盛んになり、数多くの日本人が海外で活躍したり、大量の外国人を受け入れるようになると、そうした社会で生活でき

る知識や技能，考え方をもてるように若い世代を訓練したり教育する必要があることに，多くの人びとが気づくようになったからだ。

(4)外からの要請

第三の理由は，海外から日本の教育は国際化すべきだという強い要請があったことである。日本を含めて，大部分の国は，外からの圧力がないと，なかなか変わらないところがある。日本の教育の国際化についても，こうした外からの要請は，1970年代のはじめから行われている。

OECD（経済協力開発機構）は，70年代に，加盟国の教育政策や教育計画を調査するプロジェクトを実施した。日本も，調査対象になり，71年に報告書が刊行されている。この報告書の最後の章は，「世界参加のための教育」というタイトルだが，その末尾では，「国際協力」について，次のように勧告している（OECD教育調査団，1976年，140頁）。

> 今日求められていることは，基本的な態度の変革である。もはや世界を，技術や原料をえて生産物を売るといった単なる市場としてみることはできなくなった。国際主義が新しい意味を獲得したのだ。日本は，100年前，明治維新ののちに国際舞台に仲間入りし，国家のために勉強させ，仕事をさせるために国民を海外に送り出してきた。今日の日本に要請されているのは，他のOECD加盟国の場合と同じように，世界を代表して，国際参加への道をすすむことである。

この文章のなかでとくに強調されているのは，「態度の変革」と「世界を代表して」の二カ所である。その時からすでに30年以上経過したが，日本の人びとは，依然としてこの二つを自然に身につけているようには思われない。

この他に、ユネスコが基本的人権に関連して、国際理解や国際協力について勧告書を公表したのは、1974年のことである。また、日本の歴史教科書に対する批判も、中国や韓国を中心にくりかえし行われてきた。さらに近年では、1995年に発足した世界貿易機構（WTO）のGATS（貿易とサービス協定）により、モノの貿易だけでなく、金融・情報・通信などのサービスの貿易を対象にした貿易自由化も促進されたため、各国の教育サービスのあり方は、大きな影響を受けるようになった。日本の教育改革には、こうした外からの要請に促されて動き出すことが少なくないのである。

2．「教育の国際化」の考え方

(1)教育の国際化とは

　「教育の国際化」という言葉は、日本では、様々な意味を込めて使われている。しかしここでは、教育の国際化とは、国際交流が盛んになった世界で生きていくのに必要な知識や技能、価値観、態度を身につけるのに役立つ教育をすべての児童生徒や学生に与えるという考え方にもとづいて、国際的にも異文化間でも互換できるような教育プログラムの開発を重視しながら、学校や大学などで行われる教育を、より洗練され、内容豊かで、しかも社会的文化的背景や出身地の違いを超えて、あらゆる者に広く適用できるようにしていく過程を意味する言葉として理解しておこう。長々とした定義だが、このように教育の国際化を理解して、いくつか補足しておきたい。一つ目は、日本の大多数の人びとは国際化を自動詞として、つまり日本人自身が国際化するという意味で理解していることである。日本語の「国際化」に相当する英語は、「internationalization」だが、この二つの言葉に含まれる意味は、歴史的文化的な違いを反映してかなり異なっている。

英語の「internationalize」は，他動詞であり，他の人びとや国を国際的にするとか，スエズ運河を複数の国による国際管理下に置くというような意味で使われることが多い。英語圏の人びとは，自分たちはあくまでも国際化する主体であって，自らをとくに変えなくてもよいと考えているのである。それに対して，日本では，国際化という言葉を「国際的なものになること」というように，日本人自身が変わっていくという意味で使うことが多く，いわば自動詞として扱う傾向がある。この講義では，このような国際化に対する日本の人びとと英語圏の人びとの考え方の違いを考慮して，教育の国際化を定義している。

　二つ目は，大多数の日本の人びとは国際化を望ましい，到達すべき目標だと考えていることだ。英語の国際化という言葉は，他の人びとや国を統制したり管理する意味を含むため誤解をまねきやすいこともあり，英語圏の教育分野では，ようやく最近になって広く使われるようになった。

　ところが，日本では，同じ施設設備の旅館やホテルでも，「国際」という名前がつくと，何かよくなったような言葉の響きがある。また，大学や学部などの新設や再編成の際には，情報や文化と並んで「国際」がよく使われてきた。大学や学部のイメージは学生や保護者の関心をひくのに重要な要素だが，「国際」もその一つなのである。そして，教育の国際化が日本でこのようにプラスのイメージでとらえられているのは，改革を実行しやすくするので，非常に重要なことだと思われる。

(2)国際人のイメージ

　三つ目は，定義のなかにある「国際交流が盛んになった世界で生きていくのに必要な知識や技能，価値観，態度」の具体的な内容，つまり国際人とは何かという問題である。国際人のとらえ方も多様だが，ここでは，国際人とは，自分の所属する生活集団のもつ生活文化のシステムの

表13-1 教育の国際化の領域

① 国際化のための教育
1) 国際理解教育 2) 外国語教育 3) 日本語教育
② 教育システムの国際化
1) 学校組織の普遍化 　(a) 教育システムの標準化 　(b) 外国人教員の任用 2) 制度的な特別措置 　(a) 海外子女教育・帰国子女教育 　(b) 在日外国人教育

相対性が分かり，必要に応じて自由に自己を超越できる人間であると定義しておきたい（栗本，1985年）。国際社会で生きるとは，複数の文化のなかで生きることであり，複数のシステムを使い分けることである。そのために若い世代がなによりもまず身につけてほしいのは，自分自身と自分の日常生活を絶対的なものでなく，相対的なものとしてみることができるような知識や技能，価値観，態度なのである。

(3) 二つの分野

　それでは，このような考え方にもとづいて日本の教育の国際化を進めるには，どのようにすればよいのか。日本の学校や大学は，社会の国際化にともなって，大きく分けると二つのこと，つまり

　①国際化のための教育
　②教育システムの国際化

を推進することを求められている（表13-1を参照）。第一の「国際化のための教育」には，1) 国際理解教育，2) 外国語教育，3) 日本語教育の三つが含まれる。第二の「教育システムの国際化」には，教育システム

の標準化や外国人教員の任用などの1)学校組織の普遍化と，海外子女教育・帰国子女教育や在日外国人教育などといった2)制度的な特別措置が含まれる。

3．国際化と教育の課題

(1)国際化のための教育
1)国際理解教育と「総合的な学習の時間」

　一つ目の国際理解教育は，国際交流が盛んになった世界で人びとが生きていくのに必要な知識や技能，価値観，態度などの教育を含んでいる。その目的は若い世代に諸外国の文化や歴史，地理などに関する知識を身につけたり考えたりする機会だけでなく，国境を超えた国際的な連帯を大切にする態度や，人種とか民族に対する偏見を改めていく姿勢，自分の知らなかった文化や社会のことを正面から理解しようとする心構えなどを学ぶ機会を提供することである。

　1996年の中央教育審議会第一次答申によれば，国際化に対応した教育は，

　　①異文化理解や異文化共生のための教育
　　②日本人および個人として自己を確立するための教育
　　③コミュニケーション能力の向上

をめざしている。また，2002年から施行されている現行の学習指導要領では，国際理解は情報や環境，福祉・健康などとともに，「総合的な学習の時間」の課題の一例として掲げられ，教育課程のなかに明確に位置づけられた。

　総合的な学習の時間において，その導入当初，横断的・総合的な課題として国際理解にとりくんでいた公立校の割合は，小学校63％，中学校25％，高等学校の普通科28％，専門学科8％，総合学科29％だった（初

等中等教育における国際教育推進検討会，2005年，23-24頁）。その後各学校における取組は広がっているが，多くの課題も指摘されている。たとえば，外国語や社会科などの教員や国際理解に関心のある一部の教員まかせになっており，学校全体の取組になっていないこと，英語活動の実施がすなわち国際理解だという誤解があること，国際活動に関する活動が単なる体験や交流に終ってしまっていることなどである。

2) 外国語教育の拡充

　国際化のための教育としては，二つ目の外国語教育も，非常に重要である。外国語教育は，言語運用能力の向上だけでなく，外国語の学習を通して視野を広げ異文化を理解し尊重する態度を育成するとともに，異なる文化や言語をもつ人びとと主体的に交流するなかで協力して相互の相違点を認識したり，合意を見いだしていく能力や態度を育成することをめざしている。

　日本で外国語といえば，なによりもまず英語である。とくに最近では，国際的コミュニケーション言語としての英語，とくに英会話主体のコミュニケーション能力の育成が重視され，小学校教育にも導入されるようになった。ただし，いくつか補足すれば，日本の中学校の教育課程では，長い間選択教科だった外国語は，1998年の学習指導要領改訂で必修教科の一つになったが，英語以外の外国語を学ぶこともできる。しかし，中学校では英語の履修が原則とされ，実際にほとんどの生徒が英語を選択するのは，教育関係者だけでなく，大部分の日本の人びとが英語を最も重視しているからだ。

　もっとも，こうした英語重視は，日本だからいえることである。たとえば，歴史と伝統が異なる多くの国が国境を接している西欧諸国では，外国語教育で英語が常に最も重視されてきたわけではないし，オランダやスイスのように，複数の外国語の履修を重視するところもある（大

谷・林他，2004年，242-246頁，317頁，376頁)。また，国際化の進展にともなって，日本の外国語教育でも中国語や朝鮮語，タイ語，インドネシア語などの近隣諸国の言語を学ぶ機会の充実が強く求められている。

3) 多様な日本語教育の展開

三つ目の日本語教育とは，日本語が母語，つまり幼時に母親などから自然に習得する言語ではない人びとに対する日本語の教育を意味する言葉である。日本語の学習者は，多様であり，第二次世界大戦終了時に中国に残った中国残留孤児やインドシナ難民，日本語が必要な国際業務担当者や技術者，日本で学ぶ留学生，海外の学校で日本語を学ぶ児童生徒などが含まれる。

日本語学習者の数は，近年，大幅に増加した。国内では，1,625の機関・施設で約12万6千人が日本語を学習している（2002年現在，文化庁調査）。また，海外の127カ国（正確には120カ国と7地域）に12,222校の日本語教育機関があり，そこで日本語を学習している人びとは，約235万7千人である（2003年現在，国際交流基金調査）。

日本語教育は，短期間である程度の成果を収めることが期待されるため，教材や教授法，教育課程についていっそうの工夫や改善が求められる。日本語教師の養成教育や現職教育の拡充，施設設備の整備，日本語教師の待遇改善，日本文化や教材・教授法に関する情報不足の解消なども重要な課題である。

(2) 学校組織の普遍化

教育システムの国際化については，学校組織の普遍化と制度的な特別措置の二つに大きく分けて整理してみよう。現在の各国の教育システムの仕組みやあり方は，18世紀後半の産業革命やフランス革命の後，主にイギリスやフランス，ドイツなどの西欧諸国を中心に成立した近代教育システムを基礎にして発展してきた。そのため，世界の教育システムに

は共通する部分も多いが，それぞれの国の政治経済体制や歴史的文化的伝統などの違いを反映して，相互に異なる独自な部分も少なくない。

　教育システムの国際化のうち，学校組織の普遍化は教育システムの共通する部分を標準化して，どの国の教育を受けても世界で同じように評価されたり，処遇されるように，学校組織を改善することをめざしている。それに対して，制度的な特別措置は各国の教育事情を考慮して，独自の教育の仕組みやあり方を整備することをめざしている。

1) 教育システム標準化の要請

　国際交流が盛んになるにつれて，学校組織の普遍化では，学位とか卒業証書をはじめ，入学者選考や卒業資格要件などの標準化が要請されるようになった。いろいろな国の様々な学校や大学で学んだ児童生徒や学生の単位互換や転入学の手続きなどの標準化も，ますます必要になってきている。その他に，学年暦や教育課程の構成，施設設備などの見直しも求められている。

　たとえば，国際バカロレアは，加盟国の大学に入学するための資格を認定する制度であり，日本も，1979年からスイス民法典にもとづく財団法人である国際バカロレア事務局が授与する国際バカロレア資格を有する者を，大学入学資格をもつ者として指定するようになった。また，EU（ヨーロッパ連合）では，「欧州高等教育圏」の構築をはじめ，域内外の学生や大学教員などの人的交流が積極的に進められている。

2) 不十分な外国人教員の任用

　学校組織の普遍化にとって，教育システムの標準化により教育機会を広く開放することと並んで，外国人教員の任用も重要な課題である。日本では，私立学校はすでに数多くの外国人教員を採用してきた。しかし，公立学校については「国籍条項」，つまり「公権力の行使または公の意思の形成への参画に携わる公務員となるためには日本国籍を必要と

する」という政府見解（1954年）により，外国人教員の任用を基本的に認めてこなかった。

　ところが，日本各地の「国籍条項」撤廃運動や「外国人を国公立大学に任用するための運動」などを背景に，国公立大学の大学教員に外国人を任用する道を開いた「国立又は公立の大学における外国人の任用等に関する特別措置法」が1982年に公布された。その後，外国人教員の採用はゆるやかに増え続け，2003年現在の国立大学での採用数は718名である。しかし，初等中等教育の公立学校の門戸は（都道府県によって違うが），依然として，非常に閉鎖的な状態にあり，その改善が求められている（馬越，2000年，224-226頁）。

(3)制度的な特別措置
1）転換期の海外子女教育・帰国子女教育

　教育の国際化に関連した制度的な特別措置として，この講義では，海外子女教育・帰国子女教育と在日外国人教育をとりあげてみよう。

　海外子女教育とは，海外に在留する日本人が同伴する児童生徒のための教育を，また，帰国子女教育とは，海外に1年以上在留した後に帰国した児童生徒のための教育を意味する言葉である。海外に在留する日本人（長期滞在者）の数は，2004年現在659,003人，そのうち親に同伴する学齢段階の児童生徒は54,148人を数える。また，初等中等学校に在籍する帰国子女の数は，2003年現在10,295人である（文部科学省大臣官房国際課，2005年）。

　海外で生活する日本の児童生徒の修学形態は，日本人学校，現地校，補習授業校の三つに大きく分かれる。日本人学校は，日本国内の学校教育とほぼ同等の教育を行う全日制の教育施設である。日本人学校は，在留邦人団体を母体にし，文部科学大臣が認定した教育施設だが，この他に国内の学校法人などが母体になって海外に設置した同種の全日制の教

育施設として，私立在外教育施設がある。補習授業校は，週末に日本語で国語や算数・数学などの授業を行う定時制の教育施設であり，現地校や国際学校などに在籍する児童生徒の多くが通学している。

これらの在外教育施設の数は，2004年現在，日本人学校82校，私立在外教育施設13校，補習授業校186校である。54,148人の児童生徒のうち，31％は日本人学校や私立在外教育施設，38％は現地校や国際学校，31％は補習授業校で学んでいるので，ほぼ三分されている。

海外子女教育は，これまで国内志向が強く，日本の学校教育と同じ教育を提供したり，帰国後の教育への円滑な適応をめざす教育を重視してきた。ところが，近年では，現地社会から閉鎖的になりがちな日本人学校を開放して，現地との交流を深めたり，国際理解教育を推進することが課題になっている。また，補習授業校では，現地校で不適応を起こした児童生徒のケアや，日本語教育の充実，日本文化の保持や日本人としての主体性の確立のための教育なども期待されるようになった。

帰国子女教育も，これまで，海外から帰国した児童生徒を対象に主に日本国内の学校生活への円滑な適応をはかることをめざしてきた。そのため，国立大学・学部の附属学校に帰国子女教育学級（2005年現在9大学に計19校設置）などを設置して，帰国児童生徒の指導やそのための実践的研究を行ったり，担当指導主事や教員を対象にした研究協議会を定期的に開催してきた。帰国子女特別枠を設定して入学者選考をする高等学校や大学も大幅に増えている。

ところが，近年では，帰国児童生徒の海外における学習や生活体験を尊重し，その特性の伸長や活用をめざす教育も重視されるようになり，彼らの個に応じた教育と一般の児童生徒との相互啓発の両者を生かした帰国子女教育の再構築が求められている。

このような制度的な特別措置は，特定のグループを優遇するため，場

合によっては多数派の人びとの反発を受けやすい。しかし，海外子女教育や帰国子女教育は，義務教育や障害児教育などの教育機会を公的に保障する制度的な特別措置と同様な位置にあるように思われる。海外で活躍する日本の人びとは，今後もますます増加すると予想されるが，彼らが安心して活動するためには，その児童生徒の教育機会を国内外で整備するのは，非常に重要なことである。

2）在日外国人教育の課題

　在日外国人教育，つまり外国人（日本国籍を有しない者）に対する教育は，日本の学校で行う場合と外国人学校で行う場合の二つに分けられる。

　法務省入国管理局の統計によれば，日本の外国人登録者は，1978年以降一貫して増え続け，2004年末現在，1,973,747人を数える。国籍別にみると，韓国・朝鮮（31％）の比率が最も高く，中国（25％），ブラジル（15％），フィリピン（10％）の順である。1990年の改正出入国管理法の施行により，とくにブラジルやペルーなどの中南米からの日系労働者が増加した。

　外国人に同伴し日本の公立学校に就学している児童生徒数は，2004年現在約7万人である。そのうち，日本語指導が必要な児童生徒は，19,678人にのぼり，その母語はポルトガル語（36％），中国語（24％），スペイン語（15％），フィリピノ（タガログ）語（9％）などを中心に58言語にわたっている（文部科学省大臣官房国際課，2005年）。

　外国人児童生徒は，日本の義務教育への就学義務を課せられていないが，公立の義務教育諸学校への就学を希望する場合は，無償で受け入れるなど，教育機会の保障がはかられてきている。しかし，その教育内容は，日本の社会や文化への同化的教育の色彩が強く，指導体制や教員研修，日本語指導などの充実をはかっているが，彼らの母語や母文化に十

分配慮したものとはいえないのが実情である。

　在日外国人の児童生徒の教育を行う外国人学校の多くは，法的には学校教育法の第一条に定める「正規の学校」ではなく，都道府県知事の認可を受けて設置・運営される各種学校として位置づけられている。そのため，上級学校への進学上不利になる場合があったり，保護者の経済的負担がかなり大きいなど，様々な解決すべき課題が指摘されている。

　教育の国際化では，学校や大学などで行われる教育を，より洗練され，内容豊かで，しかも社会的文化的背景や出身地の違いを超えて，あらゆる児童生徒や学生に広く適用できるようにしていく必要がある。文部科学省は，日本の帰国児童生徒と外国人児童生徒の両者を対象に，彼らの個に応じた特色ある教育指導の開発や，一般の児童生徒との相互啓発を通じた国際理解や異文化理解を推進するために，研究協議会の開催や教育の国際化推進地域の指定などにとりくんでいるが，今後いっそう充実することが望まれる。

●参考・引用文献
①天野正治・村田翼夫編著『多文化共生社会の教育』玉川大学出版部，2001年
②馬越徹「日本―社会の多文化化と「永住外国人」子女教育」江原武一編著『多文化教育の国際比較―エスニシティへの教育の対応』玉川大学出版部，2000年，209-231頁
③OECD教育調査団，深代惇郎訳『日本の教育政策』(朝日選書70) 朝日新聞社，1976年
④大谷泰照・林桂子他編著『世界の外国語教育政策―日本の外国語教育の再構築にむけて』東信堂，2004年
⑤栗本一男『国際化時代と日本人』(NHKブックス476) 日本放送出版協会，1985年
⑥初等中等教育における国際教育推進検討会『初等中等教育における国際教

育推進検討会報告―国際社会を生きる人材を育成するために―』文部科学省，2005年
⑦文部科学省大臣官房国際課編『国際交流パンフレット』文部科学省，2005年

●**学習課題**
(1)教育の国際化に関する諸課題のなかから関心のある課題を一つ選び，関連資料を分析した結果を800字程度でまとめなさい。
(2)身のまわりの衣食住を点検して，日本と諸外国との国際交流があなたの日常生活にどのように反映しているのかを確認してみよう。
(3)教育の国際化の定義のなかにある「国際交流が盛んになった世界で生きていくのに必要な知識や技能，価値観，態度」について，できるだけ具体的な事例を素材にして考えてみよう。

14 転換期の教育改革

江原　武一

《ポイント》　世界の多くの国ぐにでは，現在，大規模な教育改革が進められている。それは英国や米国，日本などの先進諸国だけでなく，発展途上諸国でも同時進行の形でみられる。この転換期の教育改革の背景を国際比較の観点から分析し，望ましい教育改革の方向を探る。
《キー・ワード》　1.教育改革　2.社会のグローバル化　3.「小さな政府」　4.国民国家　5.市場競争の原理　6.情報技術革新　7.アカウンタビリティ（説明責任）　8.学校評価

1．グローバル化のインパクト

(1)教育改革の背景：国際比較

1980年代以降，どの国でも，大規模な教育改革が進められている。本講義では，はじめに，この世界同時進行の教育改革の主要な社会的背景を，分析的に，
　①社会のグローバル化の進行
　②「小さな政府」の登場
　③情報技術（IT）革新の進展
の三つに集約して整理する。続いて，そうした教育をとりまく環境変化に対応した日本の教育改革の動向をたどり，その将来の方向を探ってみたい。
　なお，この講義では，とくに触れないが，日本の場合には，年齢の若

い世代が少なくなる
　　④少子化の進行
も，四つ目の背景として，大きな影響を及ぼしてきた。とくに大学は，同世代の半分がすでに大学に進学し，今後は大学進学率の大幅な上昇が難しいため，学生確保の問題や大学教育の改革をはじめ，様々な課題の解決を迫られている。

(2)社会のグローバル化の意味

　転換期の教育改革を促す一つ目の社会的背景としてとりあげた社会のグローバル化（globalization）とは，モノやカネ，ヒト，情報などに代表される人間の諸活動が，次第に国民国家の国境を超えて交流したり流動化して，ついには，国民国家の拘束を離れて独自の展開を示すようになる過程を指す言葉である。

　この社会のグローバル化は，個別化よりも普遍化，標準化の方向へ，また，多元化よりも一元化の方向へ社会や教育のあり方を変えるように作用する。各国の社会や教育には，共通する特徴もたくさんあるが，違っているところも少なくない。ところが，社会のグローバル化によって，そうした国民国家や文化圏による違いが少なくなり，世界共通の特徴がみられたり，社会や教育のあり方を考える時の基準や次元も複数ではなくて一本化され，国際標準や国際水準などが設けられるようになる。

　また，社会のグローバル化は実際には，経済や政治，文化，思考様式などにおける西欧流の近代化（modernization），とくにアメリカ化（Americanization）が，地球規模で世界全体に波及することを意味する。近代社会や近代教育の仕組みやあり方は，18世紀後半の産業革命やフランス革命の後，主にイギリスやフランス，ドイツなどの西欧諸国を中心に発展してきた。資本主義経済や政治的民主主義，近代科学，客観

的・合理的な思考様式などは、この時から重視され発展するようになったが、社会のグローバル化は（やや極端にいえば）、この西欧流の近代化が、世界全体に地球規模で広がることを意味する。とくに第二次世界大戦後は、西欧流の近代化をふまえて独自に発展したアメリカ流の近代化が大きな影響力をもち、国境を超えて世界中に広がるようになった。

(3) グローバル化と国民国家

この定義のうち、国民国家とは、ある国に住む人びとのすべてあるいは主要な部分が、自国の独立性と自分たちの（同じ集団に所属しているという）共属性を意識して一体感をもち、政治的に実現した独立の統一主権国家を意味する言葉である。この国家モデルの特徴は、「一民族一国家」を理念としていることだ。つまり、国民国家では、その国の住民は政治的共同体を構成する国民として同等の権利と義務をもつとともに、文化的共同体の成員として同じ民族文化を共有しており、しかも、二つの共同体の範囲は、一致していると想定されている。

国民国家の建設は、18世紀以降、西欧やアメリカではじまり、第二次世界大戦後に植民地からの独立を達成した新興諸国でも、国民国家の形成が国家建設の建前として採用された。しかし、その過程でどの国でも明らかになったのは、国民国家の理念と実態との間に大きな乖離がみられたことである。とくに問題なのは、文化的共同体としての国民国家は、事実上複数の文化を含んでおり、しかも、二つの共同体の範囲は、必ずしも一致していないが、ほとんどすべての国は、なによりも政治的共同体としてまとまりのある国民国家として存続、発展することをめざしていることである（江原、2000年、18〜19頁）。

そのため、社会のグローバル化は、国民国家を区分する国境を超えて作用するが、実際には、どの国も今後当分の間、明確な国境によって囲まれた領土をもつ国民国家として存続、発展すると考えられる。なお、

教育改革の議論では,「グローバル化」の代わりに,「国際化」もよく使われる（第13章「国際化と教育」を参照）。二つの言葉の違いは,必ずしも明確ではないが,考察の視点に応じて使い分けられているように思われる。

どちらの言葉も,人間の諸活動が,次第に国民国家の国境を超えて交流したり,流動化することに注目する点では,同じである。しかし,「国際化」に相当する英語は,「internationalization」だから,「国際化」では,国民国家（nation-state）の枠組みが揺るがないことを前提にして,国民国家間の相互交流や相互協力を重視する意味合いがある。それに対して,「グローバル化」では,国民国家の存続を暗黙のうちに前提にしているが,それよりも,人びとの様々な活動が国民国家の拘束を離れて,地球規模で独自の展開を示すようになることを強調する傾向がある。

(4)グローバル化の進行

社会のグローバル化の進展を,第二次世界大戦後の動向を中心にまとめると,まず,経済の領域で顕著にみられるようになり,続いて政治や文化の領域もグローバル化した。経済のグローバル化についてみると,企業の生産過程や経営様式,意思決定の仕組みなどが国境を超えて世界に伝搬した。IBMやマイクロソフト,GMやトヨタなど,複数の国で経済活動をする多国籍企業も活躍するようになった。

国によっては,EU（ヨーロッパ連合）とか,FTAA（米州自由貿易地域）などの新しい貿易圏が生まれた。世界銀行や世界貿易機構（WTO）のような国際機関も,各国の経済に大きなインパクトを及ぼしている。このうち,WTOは,GATT（関税貿易一般協定）の発展型として1995年に発足した国際貿易のルールを統括する国際機関である。その協定の一つであるGATS（貿易とサービス協定）では,モノの貿

易だけでなく，金融・情報・通信などのサービスの貿易も対象になり，各国の教育サービスのあり方に大きな影響を及ぼすようになった。

1989年にベルリンの壁がなくなり，ソ連が崩壊した後は，アメリカ流の資本主義経済をベースにした経済体制が世界各地に広がり，経済体制の一元化も進んでいる。中国の経済体制も，90年代に，計画経済から社会主義市場経済に移行した。このような経済のグローバル化が進んだため，各国の経済は，ますますグローバルな経済活動の影響を受けるようになってきている。

ところで，社会のグローバル化は，こうした経済の領域だけでなく，政治や文化の領域でも確認できる。教育改革を促す二つ目の社会的背景として，次にとりあげる「大きな政府」から「小さな政府」への転換は，アメリカやイギリスといったアングロサクソン文化圏における政府のあり方の転換が，国境を超えて他の国ぐにでもみられるようになった現象であり，政治の領域におけるグローバル化だといってよいだろう。経済大国として大きな国民国家になった日本も，その運営を「小さな政府」によって行うことをめざしている。

文化の領域におけるグローバル化では，アメリカ生まれのハリウッド映画やマグドナルド，コカコーラ，ジーンズ，ディズニーランドなどが，世界的に広まったことがよく指摘される。しかし，教育改革との関連でとくに重要なのは，教育で扱う知識の考え方やあり方が変わってきていることである。

小学校から大学までの学校教育の内容は，基本的に，西欧で発達した近代科学の知識や考え方にもとづいている。今日の教育改革では，どの国でも経済のグローバル化に対応して自国の経済的な国際競争力を強化するために，この近代科学をベースにした学校教育の改善をめざしている。それは，基礎的な教科を中心とした認知的教育を改革して，国民の

知的文化的基盤を，いっそう充実・向上させ，人的資源の全体的な底上げをはかるとともに，先端的な学術研究の推進と科学技術の発展をめざすものである。

　また，それと並んで，複数の価値の共存を前提にした価値教育を充実し，多文化社会にふさわしい国民的アイデンティティを，若い世代に身につけてもらうこともめざしている。

　どの国も，民族や文化などの多様化が進んで多文化社会としての特徴をもつようになったため，そうした社会にふさわしい国民国家として国家統合をはかる必要があるからだ。

2．「小さな政府」の登場

(1)「小さな政府」の政治的立場

　教育改革を促す二つ目の社会的背景は，世界各国の政府の役割が1980年代以降，「大きな政府」から「小さな政府」に変わったことである。「大きな政府」とは，政府の権限を拡大し，政府が指導的な役割を果たすことによって，貧困や失業などの社会問題を解決したり，国民の安全の確保や教育の普及などの公益の実現を推進しようとする政府である。典型的な政府像としては，社会主義国家や福祉国家の建設をめざす政府を想起すればよい。

　それに対して，「小さな政府」とは，政府の権限を縮小し，国民のやる気や競争心，進取の気性を活用することが国家の発展にとって役に立つという立場から，国民の自助努力や市場競争の原理を重視する新保守主義の考え方にもとづいた政府である。そのため，「大きな政府」では，国家の予算は多額になるのに対して，「小さな政府」では，減税により国民の税金の負担を軽くして，国民が獲得した収入は自分で使えるようにする政策を実施している。

なお,「小さな政府」の政治的立場を説明する用語として,新保守主義に代えて新自由主義を使用する英語文献もあるが,実質的な内容に大きな違いはない。しかし,政府のあり方の転換を中心に論じる場合には,たとえば,アメリカの共和党やイギリスの保守党などが,1980年代以降政権を主に担当してきたことなどを考慮すると,新保守主義のほうが用語として,「小さな政府」の実態をより反映していると考えられる。

　また,「市場競争の原理」とは,人間の諸活動,とくに経済活動は,特定の商品に対する需要と供給とが相対して価格と取引量が決定されるマーケット（市場）における競争によって左右されており,しかも,それが基本的に望ましいとみなす考え方である。しかし,市場のもつ機能は,完全なものではないので,政府の介入により市場競争がもたらす諸問題の解決をめざすことが,「大きな政府」の基本的な方針だった。それに対して,「小さな政府」は,国民の自助努力を社会発展の原動力として積極的に評価するとともに,政府による市場への過度の介入を抑制し,政府規制の緩和や税制改革などにより競争促進をめざす政府である。

　先進諸国の経済が70年代後半以降,オイルショックを契機に低成長の時代に移行すると,国際的な経済競争力の確保をめざす政府のあり方をめぐって社会的な論議が起こったが,この「大きな政府」から「小さな政府」への転換は,具体的には,イギリスのサッチャー首相の保守党政権やアメリカのレーガン大統領の共和党政権によってはじめられた。その後,オーストラリアやカナダなどの英連邦諸国をはじめ,ドイツやフランスなどの西欧諸国,日本や韓国,東南アジア諸国など,世界の多くの国ぐにでも,「小さな政府」による国家政策が実施されている。

(2)「小さな政府」の教育政策

　そのため，各国の教育政策も，「小さな政府」の考え方にもとづいて行われるようになった。

　新保守主義の立場に立つ「小さな政府」の教育政策の特徴は，次の三つにまとめられる。

　第一に，教育システムの多様化・個性化政策が進められ，教育の分野にも，市場競争の原理が導入されるようになった。社会的な公益の実現を使命とする学校や大学は，私的な利益を追求する民間の企業などと異なり，政府によって規制されると同時に，政府から公的資金の援助を受けて発展してきた。しかし，「小さな政府」は，教育の規制を緩和して，学校や大学が自助努力により，独自に改革を進めることを要請するようになった。それぞれの学校や大学が，その理念や手持ちの資源や条件をふまえて特色ある改革を行い，お互いに市場競争の原理にもとづいて競争すれば，教育の質が全体として向上すると考えたのである。

　第二の特徴は，このように政府が教育に関する規制を緩和すると，政府の権限は弱まるようにみえるが，実際には，政府の権限はかえって強まったことである。たとえば，教育の規制緩和政策と並行して，政府の教育への財政支出は，頭打ちになったり削減されたが，それと同時に，その効率的で効果的な運用も求められ，アカウンタビリティ（説明責任）の考え方，つまり，学校や大学は公的資金にせよ授業料にせよ，そこで使われる経費に見合った成果をあげるべきだという考え方が広まった。

　また，個々の学校や大学は，たしかに自立的な運営ができるようになったが，他方で，学習の中身を決める教育課程に対する政府の規制はかえって強化された。それは，イギリスのナショナル・カリキュラムの導入とか，アメリカの州政府による高校の卒業要件の強化策や大学教育

の効果をはかる標準テストの実施などにみることができる（ハルゼー他，2005年，46-49頁）。

　第三の特徴は，学校や大学の社会的役割として，教育の改善による国家の経済的生産性の維持，向上を非常に重視していることである。もともと経済学では，経済発展には天然資源と資金力が重要だという考え方が主流であった。しかし，最近では，それよりも科学技術力の向上や高学歴人材の養成のほうが，国家の経済的生産性を支える要因として重視されている。

　その結果，各国の政府は，大学に対して先端的な科学技術の研究開発の推進を求めるとともに，学校教育を通じて二種類の高学歴人材の養成，つまり国民全体の基礎学力を向上させる①人的資源の全般的な底上げと，先端的な科学技術の研究と開発を推進する，②先端的な人材の養成をめざすようになった。

3．情報技術(IT)革新の進展

　三つ目の社会的背景としてとりあげた情報技術革新は，1990年代後半から，教育に対して目にみえる形で影響を与えるようになった。コンピュータやインターネットなどの情報技術革新の進展は，教室での授業の改善や教材の開発，遠隔教育の普及，国境や大陸を超えた教育や研究の交流と推進など，今後の教育のあり方を豊かにする可能性を秘めている。

　しかし，他方で，その進展がもたらす負の側面も指摘されている。たとえば，国際比較の観点からみると，世界の国ぐにのなかで情報技術を研究したり，開発できる情報技術の生産国は限られている。他の科学技術と同様に，情報技術でも生産国のほうが消費国よりも有利だが，この情報技術の生産国と消費国との間の格差は，今後さらに拡大する恐れが

ある。

　情報技術によって流通する情報の生産国と消費国との間の格差も拡大して，様々な問題や混乱が生まれることが予想される。それは，現在インターネットで流通している情報の大部分が英語であることにもあらわれている。これまでの伝統的な学校教育で重視されてきた，学習過程における教員と児童生徒や学生との直接的な相互作用をどのように確保するのかも，議論を呼んでいる。

　それでは，このような教育をとりまく厳しい環境変化に対応して，教育の将来はどのようになるのか。「小さな政府」の教育政策を中心に，日本の教育改革の動向をたどり，その将来の方向を探ってみよう。

4．日本の教育改革の動向

(1)臨教審以降の教育改革：第三の教育改革

　現在の日本の教育改革の起点は，中曽根内閣直属の審議会として1984年に設置された臨時教育審議会に求められる。この審議会は，戦後教育の総決算をめざして教育の全般的な改革を検討し，1987年までに四つの答申を公表した。これらの答申にもとづく改革は，西欧の近代教育を導入した明治初期の改革，第二次世界大戦後の教育改革との対比で，第三の教育改革ともいわれる。

　この改革の基本的視点は，
　　①個性重視の原則
　　②生涯学習社会の建設
　　③国際化や情報化などの変化への対応
の三つにまとめられる。なかでも，とくに強調されたのは，日本の根深い病弊である画一性，硬直性，閉鎖性を打破して，個人の尊厳，個性の重視，自由・規律・自己責任の原則，つまり個性重視の原則を確立する

ことである。

　その後20年以上にわたって数多くの答申や報告が公表され，それらを受けて様々な教育政策が実施されてきたが，教育改革の大まかな方向は，ほとんどこの答申にもりこまれている。それは，教育改革の論議でよく使われる個性化や多様化，弾力化，大綱化，個別化，柔軟化，活性化などといった改革の方向を示すキー・ワードが，答申のいたるところにちりばめられていることにもよくあらわれている。

(2) 教育の規制緩和，自助努力，市場競争の原理の導入

　今日の日本の教育政策では，改革の基本方針として，政府も日本の教育全体のことを考えて改革の制度的な条件整備を進め，それまでの中央集権的な教育行政のあり方を分権化し，教育に関する規制も緩和するので，それぞれの学校や大学は，政府や公的資金に頼らずに自助努力により教育改革を行い，お互いに競争することにより，教育の質を全体として高めることを要請している。

1) 初等中等教育改革の動向

　初等中等教育についてみると，画一的で硬直的だった教育システムを個性化，多様化，弾力化するために，義務教育の公立小・中学校にも，通学区制の廃止と学校選択制が導入され，保護者の学校選択の自由が認められるようになった。一貫した中等教育を行う公立の六年制中等学校も創設された。どちらも国立校や私立校では広く行われていたが，教育の規制緩和策として公立校にも導入されたのである。

　高等学校の改革では，新しいタイプの学校として，単位制高等学校や総合選択制高等学校などが設置された。また，普通科と専門学科に並ぶ新しい学科として，普通教育と専門教育を選択履修できるようにして，生徒の個性を生かした主体的な学習や将来の進路への自覚を深める学習を重視する総合学科も導入された。

学校の管理運営面では，学校の自主性や自律性を強化するために，教育課程や教員人事管理，学校財政などにおける校長の裁量権が拡大された。また，各学校には，校長から学校運営に関する諮問を受け審議を行う学校評議員制度が設置された。これは，保護者や地域住民などの意向を把握して学校運営に反映させたり彼らの協力を得ることや，学校運営の状況などを周知して，学校としてのアカウンタビリティを果たすことを目的にして導入された。さらに数は少ないが，構造改革特別区域法（2002年）により，株式会社立の学校が設置されたり，地域や児童生徒の実態に応じた多様な教育の取組ができるようになったので，学校の管理運営のあり方は，今後大きく変わろうとしている。

　市場競争の原理を浸透させるために，公的資金の重点配分も部分的に実施されるようになった。たとえば，理数系や英語などの教育課程の改善に資する研究開発のために，スーパーサイエンスハイスクール（SSH）やスーパー・イングリッシュ・ランゲージ・ハイスクール（SELHi）が指定され，政府の公的助成を受けている。

2)高等教育改革の動向

　教育システムの個性化，多様化，弾力化は，高等教育でも進められた。1991年の大学設置基準等の大綱化により，それまでの厳しい設置基準が緩和されたため，各大学は，大学独自の教育課程を開発できるようになり，大学教育の個性化と多様化が進んだ。大学入学年齢の特例措置により，17歳から大学に進学できるようになり，専門学校卒業者の大学への編入学も可能になった。大学院への進学や学位取得を容易にするため，大学院の制度改正も実施された。夜間大学院や昼夜開講制大学院，通信制大学院，独立大学院，専門職大学院の制度化，学部三年次からの修士課程進学の容認，専門分野による学位の種類の廃止などである。

　大学の管理運営面では，大学が自らの主体的判断と責任において，急

激な環境変化に対応した効率的で効果的な運営を行うために，学長のリーダーシップのもとに，適時適切な政策を実行できる管理運営の仕組みが導入された。2004年の国立大学法人化は，そうした学長を中心とする全学的な管理運営体制の整備をめざした改革であり，同じ目的で公立大学の法人化も進められている。

　もともと学校法人によって設置されている私立大学は，学校法人の公益性を高め，自立的で効率的な大学経営を行うために，法人の特徴を実質的に備えた大学の管理運営組織を整備するとともに，それぞれの大学の理念や方針にふさわしい大学の組織文化を構築することを期待されている。さらに株式会社立の大学も設置されるようになったため，大学の管理運営の改革では今後，民間の企業経営で開発された仕組みや手法がますます導入されると予想される。

　公的資金の重点配分は，初等中等教育よりも高等教育のほうが盛んに行われている。たとえば，国立大学では，大学院重点化政策が90年代に進められ，東京大学や京都大学などの旧制帝国大学を母体とする大学を中心に，少数の研究大学の大学院が重点的に整備された。2002年から開始された「二一世紀COEプログラム」は，世界最高水準の教育研究拠点（COE）を形成し，研究水準の向上と創造的な人材の育成をはかるために，大学院研究科専攻（博士課程レベル）を対象に重点的な支援を行い，国際競争力のある個性輝く大学づくりを推進することを目的にしている。大学教育を改善するために，「特色ある大学教育（特色GP）」や「現代的教育ニーズ（現代GP）」などの支援事業も実施されている。

(3)アカウンタビリティ，学校評価，事後規制の強化

　このように，政府が教育に関する規制を緩和して，学校や大学の自助努力を促し，市場競争の原理を導入すると，政府の権限は弱まるように

みえるが，実際には，かえって強化された面もある。たとえば，アカウンタビリティの考え方にもとづいて，学校や大学は経営責任を明確にするために，その運営状況に関する情報を広く社会に公表することを求められるようになった。

学校評価や大学評価も導入された。初等中等教育では，2002年から，各学校は教育活動やその他の学校運営の状況について自己点検・評価を行い，その結果を公表することが努力義務化し，保護者や地域住民などによる外部評価を実施するところも大幅に増えている。高等教育では，1991年に大学設置基準等が大綱化された際に，各大学はその教育研究活動などを自己点検・評価して，継続的に改善していくことを努力義務として要求された。その後，大学の自己点検・評価は義務化し，2002年から第三者評価，つまり，当該大学の職員以外の者による検証も，義務として求められるようになった。

さらに法人化後の国立大学の場合，各大学は，6年間の中期目標と中期計画を策定するが，その実績を，国立大学法人評価委員会に報告して，評価を受けなければならない。しかも，この実績評価にもとづいて，その大学に対する次期の政府の財政支援額を決定することも計画されている。

このようにみると，政府の教育政策の方針は学校設置基準や大学設置基準などによる厳しい「事前規制」から，改革の成果を問う「事後規制」へ大きく変わってきた。その意味では，政府の権限はかえって強化されたのである。

(4)経済的な国際競争力の強化と高学歴人材の養成

「小さな政府」の教育政策は，自国の経済的な国際競争力を強化するために，小学校から大学までの学校教育を改善し，優れた高学歴人材を養成することをめざしている。1980年代のイギリスやアメリカの教育政

策は，当初から国民のやる気や競争心，進取の気性を活用して学校教育の人材養成機能を高め，人的資源の全体的な底上げをはかるとともに，先端的な学術研究を推進し科学技術を発展させることをめざしていた。そして，その条件整備のために実施したのが，全国テストの導入とその結果の公表や学校選択制，公的資金の重点配分などの制度改革である。

ところが，そうした英米流の能力主義教育を重視する教育政策が日本で実施されるようになったのは，90年代後半以降のことである。それには理由がある。理由の一つは，改革の起点となった臨時教育審議会は，その当時社会的な関心を集めていた学歴社会の弊害の是正を最も重視しており，その背後にある社会や教育の画一性，硬直性，閉鎖性を打破し，個性重視の原則の確立をめざしていたことである。

そのため，一方で，深刻な財政難に対処する行財政改革の一環として，民間活力を生かした学校や大学の自助努力も要請したが，最も力を注いだのは，偏差値教育や受験競争を是正し，若い世代が学習意欲を高め，それぞれの個性を生かして自己実現をはかることができる教育システムを構築することだった。その後の教育政策では，この方針に沿って，教育システムの個性化，多様化，弾力化政策や，「ゆとりと充実の教育」をめざす学習指導要領の改訂などが行われた。

もう一つの理由は，先進諸国の経済は，70年代後半以降，オイルショックを契機に低成長の時代に移行したが，そのなかで，日本は，例外的に圧倒的に強い経済的な国際競争力を誇っていたことである。さらにその強さを支えてきたのは，日本の中央集権的な能力主義教育であり，それこそが学歴社会の弊害をもたらし，様々な教育問題を生んだのではないかという認識もあったからだ（岩木，2004年，28-29頁，142-143頁）。

しかし，1991年にバブル経済が崩壊し，日本の経済が長期低迷期に入

ると，日本の教育政策も学校教育を改善して優れた高学歴人材を養成する方針に転換した。たとえば，大学における研究や人材養成については，科学技術基本法（1995年）や科学技術基本計画（1996年）により，基礎的な専門分野よりも経済発展に役立つ応用的な専門分野の教育研究が重視されるようになった。

初等中等教育では，「ゆとりと充実の教育」をめざす学習指導要領をめぐって激しい学力低下論争が展開された。そうした政策批判への部分的な対応策として，2002年から施行された学習指導要領は最低基準として位置づけられ，教科書に「発展的な学習」がもりこまれることになった。全国的な学力調査は，1967年以降とだえていたが，文部科学省や教育委員会が教育水準を向上させるために，学力調査を実施するようになったのも大きな変化である。

5．教育改革の方向

最後に，国際比較の観点から日本の教育改革の方向を考える際のポイントを指摘しておきたい。一つ目は，日本は日本社会に最もふさわしい教育改革を進める必要があることだ。

世界の多くの国ぐにでは，大規模な教育改革が世界同時進行の形で進められている。この改革は，教育内部の状況の変化よりも，社会のグローバル化や「小さな政府」の登場，情報技術革新の進展などといった教育をとりまく世界共通の環境変化に対応して行われている。どの国も，今後当分の間，国民国家として存続，発展することを前提にして教育改革を進めているのも，現在の教育改革の大きな特徴である。

したがって，各国の教育改革は，共通の方向をめざしているようにみえるが，実際の改革はその国の政治経済体制や歴史的文化的伝統，教育システムの発展段階などの違いによって異なっている。歴史をたどって

みると，西欧諸国やアメリカは，現在の教育改革でも有利な立場にあるかもしれない。しかし，優れた教育改革のアイデアが国を問わず生まれてきたのも事実である。重要なのは，それらの国ぐにで成功した改革だからといって，そのまま日本に導入しても成功するわけではないことである。

たとえば，今日の日本の教育は，基礎的な教科を中心とした認知的教育の改善と並んで，多文化社会にふさわしい知識や技能，考え方を，どのように若い世代に提供すればよいのかを問われている。しかし，それは，日本社会の特徴や条件をふまえた改革でなければ成功しないだろう。その意味では，日本は諸外国の改革を参考にしながら，日本社会に最もふさわしい独自の教育改革を実施する必要がある。

二つ目のポイントは，これまで学校や大学が長い時間をかけて培ってきた社会的使命，つまり基本的人権の尊重や公正で平等な学習機会の拡充，人類の知的遺産の継承，公平無私な真理の探究などを損なわないように教育改革を進めることである。

現在の教育改革は，なによりも自国の経済的な国際競争力を強化するために，学校教育を改善して優れた高学歴人材を養成することをめざしている。しかし，学校や大学はそれ以外にも様々な社会的役割を果たしてきた。そうした役割を今後さらに豊かなものにするには，教育をとりまく社会的基盤をいっそう整備する必要がある。

また，「小さな政府」の教育政策では，もっぱら国民の自助努力を活用した改革の制度的な条件整備がめざされているが，教育の分野には障害者やマイノリティの教育をはじめ，学校教育が苦手な若い世代や社会人，高齢者を対象にした学習機会の整備など，その改善に公共的な配慮や制度的な保障が不可欠な領域も少なくない。さらに自助努力だけで問題が解決しないのは個人だけでなく，学校や大学などの組織についても

いえることであり，工夫をこらした適切な制度的対応が求められている。

●参考・引用文献
①岩木秀夫『ゆとり教育から個性浪費社会へ』（ちくま新書451）筑摩書房，2004年
②潮木守一『世界の大学危機』（中公新書1764）中央公論新社，2004年
③江原武一編著『多文化教育の国際比較―エスニシティへの教育の対応』玉川大学出版部，2000年
④A.H.ハルゼー他編，住田正樹他編訳『教育社会学―第三のソリューション―』九州大学出版会，2005年
⑤戸瀬信之・西村和雄『大学生の学力を診断する』（岩波新書（新赤版）756）岩波書店，2001年

●学習課題
(1)現行の学習指導要領は小・中学校では2002年から，高等学校では2003年から施行されている。これらの学習指導要領を批判的に検討することにより，初等中等教育の課題と問題点を整理しなさい。
(2)情報技術革新（コンピュータやインターネット，携帯電話など）の学校教育に対する影響を，プラスとマイナスの両面から考察してまとめてみよう。
(3)あなたの中学三年次の同級生が，卒業後どのような進路をたどり，今何をしているのかを調べて，教育の社会的役割を考えてみよう。

15 日本の教育のゆくえ

江原　武一

《ポイント》　第二次世界大戦後の日本の教育改革の歩みをたどるとともに，これまでの講義の内容をふまえて，教育の基本的な捉え方，子どもと家庭や学校，社会などをめぐる諸問題を明らかにし，今後の日本の教育のあり方を展望する。
《キー・ワード》　1.米国教育使節団　2.中央教育審議会　3.教育　4.子育て　5.教育改革　6.学力観　7.生涯学習社会

1．日本の教育改革の歩み：第二次世界大戦後

(1)占領下の戦後教育改革

　日本の教育システムは，第二次世界大戦後，連合国の占領下に抜本的に改革された。その当時からすでに60年が経過し，今日まで制度の見直しや改革が何度も行われてきた。しかし現在の日本の教育システムの基本的な枠組みは，この戦後教育改革によって形成されたものである。

　戦後教育改革で指導的な役割を果たしたのは，連合軍最高司令官が1946年1月に日本に派遣した米国教育使節団である。同使節団は約1ヶ月の間視察と協議を行い，教育改革の方向を示した「米国教育使節団報告書」(第一次報告書)をまとめた。教育の重要事項を調査審議する教育諮問機関として同年9月に内閣に設置された教育刷新委員会は，この報告書の内容をベースにして新学制の基本構想を建議し，教育基本法(1947年)や学校教育法(1947年)，教育委員会法(1948年)，文部省設置法(1949年)などの教育法令が相次いで制定された。

このようにして六・三・三・四制を基本とする単線型の学校制度をはじめ，都道府県や市町村の実状に即した分権的な教育行政を行う教育委員会などが新たに導入された。義務教育年限も，戦前の六年間から小学校と中学校を含む九年間に延長された。大学改革でも，一般教育や単位制，課程制大学院，大学の基準認定（アクレディテーション）など，戦前の大学にはなかった新しい要素が導入された。

　その後，日本がサンフランシスコ講和条約の発効（1952年）を契機に独立すると，文部省は，再び中央集権的な行政主導の教育改革を進めるようになる。しかしそれは，この戦後教育改革によって形成された教育システムの基本的な枠組みを根底から大きく変えるものではなかった。

(2)行政主導の教育改革の展開

　独立後の行政主導の教育改革で支柱的な役割を演じたのは，中央教育審議会である。中央教育審議会は，教育刷新審議会（1949年に教育刷新委員会を改称）を前身とし，文部大臣の諮問機関として1952年に設置された。なお，50年後の2001年には，省庁改編により，生涯学習審議会や教育課程審議会，大学審議会などの他の審議会と統合され，新しい中央教育審議会になった。

　中央教育審議会の答申は，そのすべてが実現したわけではない。また「中教審路線」の教育政策は，日本教職員組合などの厳しい反対運動にさらされた経緯がある。さらに審議会自体も委員構成にかたよりがあり，国民全体の意見を代表していないとか，当局の諮問に応じるだけでなく，重要な教育課題を自主的に審議すべきだといった批判を受けたが，日本の教育政策に大きな影響を及ぼしてきた。

　たとえば，「後期中等教育の拡充整備について」（1966年）は，高等学校への進学率の大幅な上昇に対応して，その目的や性格，拡充整備の具体策を提言した答申だが，別記の「期待される人間像」は，賛否両論の

激しい論議をまきおこした。「今後における学校教育の総合的な拡充整備のための基本的施策について」(1971年)は、昭和46年に公表されたので、「四六答申」とも呼ばれる。この答申は、明治以降の日本の教育発展の動向をふまえて、生涯教育の観点から学校教育全般にわたる基本構想と拡充整備の基本的施策を提言しており、現在の教育改革の起点となった臨時教育審議会答申の先駆的存在として位置づけられる。

(3) 戦後教育の功罪

こうした行政主導の教育改革の功罪は、時代の節目ごとにくりかえし論じられてきた。教育関係者や教育に関心のある人びとによる過去の経緯や現状の厳しい批判は、教育改革にとって望ましいことでもある。しかし、戦後教育改革とその後の教育改革により、学校教育の量的な拡大が急速に進展したのは、まぎれもない事実である。第二次世界大戦後の20世紀後半には、どの国でも、学校教育の拡大と普及は、社会や国民にとって望ましいことだと考えられ、その整備拡充がはかられてきた。日本はこの課題を、経済水準の急速な上昇や国民の強い教育要求を背景に、短期間の間に実現した数少ない国の一つだといってよいだろう。

ところが、実際には、学校教育の量的な拡大は予想された望ましい結果を必ずしももたらさなかった。それだけでなく、学校教育の様々な場面でひずみやあつれきが目につくようになった。たとえば、いじめや不登校、校内暴力などが教育問題として社会の関心を集めた。高等学校や大学への進学率の上昇により社会の高学歴化が進むにつれて、学歴社会の弊害が顕著になり、その是正が教育政策の重要な課題になった。児童生徒の基礎学力不足や学習意欲の減退、それから非行や犯罪の増加、価値観の混迷やアイデンティティの危機なども深刻な問題である。さらに予想外の課題や問題の噴出に直面して、近代教育の限界が論じられたり、教育のあり方そのものが根底から問われたりするようになってき

いる。
　現在の行政主導の教育改革の起点は，1984年に設置された臨時教育審議会に求められる。その答申にもとづく改革は，西欧の近代教育を導入した明治初期の改革，第二次世界大戦後の教育改革との対比で，第三の教育改革ともいわれる。その後も20年以上にわたって数多くの答申や報告が公表され，それらを受けて様々な教育政策が実施されてきた。
　しかし，今日の日本の教育システムは，本当に，時代や社会の変化に適切に対応するとともに，教育の本質に適ったものなのだろうか。人間形成には，学校教育だけでなく，家庭における教育のあり方や卒業後の社会生活なども重要な影響を及ぼす。教育とは何かという基本的な問題をはじめ，教育をめぐる諸問題を教育学の視点から改めて総合的に検討することも不可欠である。
　この「基礎教育学」の授業では，そうした観点から，転換期にある日本の教育改革の現状を検証し，そのゆくえを探るために，グローバル化・IT化・知識社会化が進むなかで，教育の「基礎・基本」をどのように捉え，子どもと家庭や学校（大学を含む），社会などをめぐる諸問題をどのように解決すべきかについて多角的に考察してきた。日本の教育のゆくえを考える素材として，その主要なポイントを要約すると，次のようにまとめられるだろう。

2．教育の基本的な捉え方

(1)密接に関連した教育・学習・発達

　教育をめぐる諸問題を考察する際に最も重要なのは，教育とは何かという基本的な問題を明らかにすることである。教育という言葉に近い意味をもつ言葉として，学習と発達がある。これらの三つの言葉は，いずれも人間にとって不可欠な行為をあらわす重要な言葉だが，今日では，

教育や学習の意義が曖昧になり、その必要性すら疑われている。また発達も様々な批判にさらされている言葉である。しかし、教育学の立場からみると、教育は学習や発達と密接に関連しており、しかも人間が生涯にわたって人間らしく生きていくために不可欠なものである。

　教育学研究では、教育も学習も教育学の中心概念としてくりかえし考察されてきた。二つの言葉の漢字、邦語、英語における語義を検討すると、どちらも「教えること・授けること」と「倣うこと・学ぶこと」の二つの意味を兼ね備えている。また、教育と学習は、人間が人間らしく生きるためには不可分に結びつく必要がある。というのは、教育は学習が成立するように支援する「学習への援助」として位置づけられるからである。つまり、学習そのものはあくまでも学習者自身によって行われるが、教育は、そうした学習への動機づけをしたり、学習意欲を喚起したり、学習する機会を準備することにより、学習者の学習過程を適時に、的確に支援することを意味するのである。

　教育は、発達とも密接に関連している。受胎の瞬間から死に至るまでの生涯のなかで、人間には生理的、身体的、精神的に様々な変化が生じる。それらの変化のうち、発達とは、方向性をもって進行し、ある程度持続的、構造的とみなすことができる変化を総称する言葉である。そして、教育は、一人ひとりの人間がその生涯にわたる発達を見通し、個性や能力、適性などに十分配慮しながら、新たな自己と世界を発見し、人間らしく生きるために変わっていくことを支援する行為として位置づけられる。こうした考察をふまえると、教育は、次のように定義することができるだろう。つまり、教育とは、被教育者としての一人ひとりの人間を対象に、その発達や学習を適切かつ十分に援助することによって、彼らが社会の一員として必要な社会的、文化的能力を習得するとともに、真の自己に目覚め、人間らしく生きていくために生涯にわたって努

力し続けることを支援する社会的行為である。
(2)望ましい大人や社会のあり方をふまえた教育改革
　このような教育の考え方にもとづいて，西洋と日本の代表的な子ども観と教育観の歴史的な変遷をたどってみると，被教育者としての子どもと教育者である大人との関係は，時代や文化によって大きく異なっている。しかし，変わったのは，子どもそのもの，つまり子どもの実体ではなく，教育者である大人や社会のあり方であり，それにともなって，子どもと大人との関係が変化してきたことが分かる。

　第二次世界大戦後の日本についてみると，子どもの人格を等しく尊重し，その完成をめざす民主主義的な教育を目的とした教育基本法（1947年）や，子どもを健やかに育成・愛護されるべき権利の主体としてとらえた児童福祉法（1947年），子どもを人権の主体として位置づけた児童憲章（1951年）などが相次いで制定された。したがって，戦後日本の法令上の子ども観と教育観は申し分のないものである。

　また，袋小路のない単線型の学校制度が体系的に整備され，学校教育の量的な拡大は，就学前教育から高等教育まで急速に進展した。経済の高度成長期を経て，日本は経済的に豊かな国になり，よい環境のなかで子どもらしい生活を保障された「子ども期」も，実質的に確立したといってよいだろう。ところが，それにもかかわらず，深刻な教育問題が噴出するのは，急速な社会変化に適切に対応した大人や社会の望ましいあり方をふまえ，教育の本質に適った教育改革をどのように進めればよいのか，その基本的な方向を見通すことができないからである。

3．子育ての基本原理と「教育する家庭」の課題

　家庭における教育については，養育不在やしつけ不在，遊びと労働の不在など，様々な問題が指摘されている。こうした問題を未然に防ぐた

めには，子育ての基本原理をふまえて，子どもの豊かな人間性をはぐくむ「教育する家庭」を築く必要がある。

　子育ての原理には，二つの側面，つまり，①「保護者」としての役割と，②「社会の代理人」としての役割がある。家庭における親は，保護者として，愛や優しさ，母性の原理にもとづいて，子どもを外界（社会）の厳しい荒波から守り，彼らが自分に固有の世界をつくりあげ，個性化するように養育する役割を果たしている。また，家庭における親は，社会の代理人として，権威や厳しさ，父性の原理にもとづいて，子どもが自立（自律）した人間として社会に巣立つことができるように，彼らを社会化する役割を果たしている。

　「教育する家庭」とは，この二つの原理がバランスよく，相互補完的に作用する子育てを行い，子どもの豊かな人間性をはぐくむ家庭のことである。こうした家庭を築くためには，少なくとも次の四つの課題にとりくまなければならない。

　第一の課題は，子どもの情緒的な安定をはかることである。家庭における基本的な安心感や信頼感は，子どもの自信や自尊感情を培い，その後の学ぶ力や生きる力の基盤を形成すると考えられる。

　第二は，適時に的確なしつけを行い，自制心や自立（自律）心を培うことである。各家庭におけるしつけの目標は，独自で多様であることが望ましい。

　しかしどの家庭でも，しつけの目標として不可欠なのは，①基本的な生活習慣を身につけさせること，②家庭内での人間関係能力を育成すること，③社会生活における行動の仕方の基本，善悪のけじめを習得させることである。そのためには，親はその生活と体験にもとづいて，人間のあり方や生き方についての洞察を深め，自分の価値観を確立し，自分の家庭のルールを定め，生活の秩序を保っていく必要がある。

第三は，子どもに基本的な生活上の知識や技術を習得させることである。家庭は，子どもが生活の知恵や生活技術を学んだり，体験したり，実践することができる生活教育の場である。したがって，家庭では，子どもが家庭の行事や家事，その他の共同作業に参加して，共通の体験と生活実感を豊かにすることができる条件を整えるべきである。

　第四は，子どもの道徳的，宗教的情操を培うことである。社会の価値観が著しく多様化し，混乱や断絶，衝突がみられる今日ほど，親が自分の生きる姿勢を正し，自分の体験に裏打ちされた人生観や世界観，生活信条を子どもに説教するのではなく，ごく自然に語りかけ，それを実践する姿を示すことが求められる時代はないように思われる。

4．問われる学校教育の社会的役割

(1)新たな時代にふさわしい学校像

　今日，日本の学校教育は，厳しい批判の目にさらされ，その社会的役割の是非があらためて問われている。たとえば，2005年に実施された調査によれば，学校に満足していない保護者の比率は，27.5％（文部科学省調査）から43.2％（内閣府調査）にも達する。また，児童生徒の全般的な学力低下を背景に，激しい学力低下論争が起こり，学習指導要領とそれを支える学力観は大きくゆれ動いている。

　しかし，国際比較の観点からみると，日本の教育システムは，世界的に優れたものであり，学校教育の普及と拡大に大きく貢献してきた。学力の面でも，日本の15歳児（高校1年生）の数学的リテラシーと科学的リテラシーは，世界のトップレベルにある。しかも，日本は他の国ぐにと比べて，児童生徒の出身家庭やその他の社会経済的背景が，彼らの学業成績に及ぼす影響が比較的弱い国である。

　それゆえ，日本の学校教育は，その社会的役割，つまり児童生徒に基

礎学力を身につけさせるとともに，階層化の進行を防ぎ，機会均等の実現に寄与するという点で，相対的に優れており，高く評価することができるだろう。今求められているのは，こうした過去の実績の長所と短所を注意深く検討することにより，新たな時代にふさわしい学校像を構築し，教育の本質に適った教育改革を具体的に進めることである。

(2) 多文化社会の価値教育：市民性教育と宗教学習

ところで，今日の学校教育の改革では，基礎的な教科を中心とした認知的教育の改善と並んで，多文化社会にふさわしい複数の価値の共存を前提にした価値教育の充実も求められている。価値教育とは，行動の一般的な指針として，あるいは意思決定や評価をする際の判断基準として使われる原則や理想，基準，生き方などを教授したり学習することを意味する言葉である。価値教育には，市民性教育や宗教教育，道徳教育，多文化教育，それから課外活動や学習共同体としての学校生活などといった学校の潜在的カリキュラムも含まれる。

もともと多民族で構成されているところが多い発展途上諸国の価値教育は，国民的アイデンティティを形成する国民統合の手段としての教育という色彩が強い。それに対して，先進諸国の価値教育は，自律的な価値判断を育成する教育という側面を強調する傾向がある。しかし，多文化社会にふさわしい国民的アイデンティティを若い世代に身につけてもらいたいということでは，どの先進諸国も変わりがない。それは，一人ひとりの児童生徒が自律的な価値判断をできるように育成して，ゆるやかな国民的アイデンティティを形成しようとするもので，日本も同じ方向をめざす時期にきているように思われる。

こうした価値教育のうち，市民性教育と宗教教育に注目してみよう。はじめに市民性教育についてみると，市民性とは，民主的社会の形成者である市民のあるべき姿を意味し，政治活動や社会活動，地域活動など

を通じて社会に積極的に関与することを含んだ言葉である。たとえば，イギリスでは，2002年から市民性教育が中等学校で必修化され，社会に存在している多様なアイデンティティへの理解を深めさせ，相互尊重の必要性を教えることになった。

　日本でも，中学校の「公民」で，「身のまわりの事例から，多文化社会の現状と問題点を考えてみよう」という授業が行われるなど，市民性を育成する様々な取組が進められている。ただし，市民性教育の具体的な内容は多様である。たとえば，品川区では，2006年から道徳，特別活動，「総合的な学習の時間」を統合した「市民科」を小中学校で設置したが，その授業では，イギリスの市民性教育よりも広い範囲の資質や能力を含めた「市民性」を育成することがめざされている。

　多文化社会における価値教育では，宗教教育も重要な位置を占めている。しかし，それは特定の宗教を信仰するための宗派教育でもないし，宗教に関する客観的な知識を理解させる宗教知識教育でもない。今学校教育で求められているのは，宗教学習，つまり開放的でいろいろな解釈や理解が可能な世界観や人生哲学の探究を含んだ教育的な宗教教育である。

　宗教学習は，多様な価値が併存する多文化社会において，人類が長い時間をかけて作り上げてきた様々な宗教的伝統や考え方を学ぶことにより，児童生徒が自分自身でその人生の意義や生き方，価値観を探求し，どのような場面でも自律的な意思決定ができるようになることを支援する教育である。政教分離の伝統が根強いアメリカでは，宗教知識教育をこの方向で改善することがめざされているが，こうした宗教学習の考え方は，日本社会にふさわしい新しい宗教教育を構想する際にも，豊かなイメージと可能性を与えてくれるように思われる。

(3)国際化に対応した教育

　学校教育の社会的役割については，日本社会の国際化に対応した教育のあり方もあらためて問われている。教育の国際化とは，国際交流が盛んになった世界で生きていくのに必要な知識や技能，価値観，態度を身につけるのに役立つ教育をすべての児童生徒や学生に提供するという考え方にもとづいて，国際的にも異文化間でも互換できる教育プログラムの開発を重視しながら，学校教育の仕組みや内容を改善していく過程を意味する言葉である。

　この教育の国際化を進めるには，
　　①国際化のための教育
　　②教育システムの国際化
を推進する必要がある。

　一つ目の国際化のための教育は，国際化した社会で人びとが生きていくのに必要な知識や技能，価値観，態度などの教育であり，国際理解教育や外国語教育，日本語教育などがある。いずれも，長年にわたって改善充実がはかられてきたが，政府や関係者のなおいっそうの努力が期待されている。

　二つ目の教育システムの国際化には，学校組織の普遍化と制度的な特別措置がある。学校組織の普遍化は，学位や卒業証書をはじめ，入学者選考や卒業資格要件，学年暦や教育課程の構成など，教育システムの共通する部分を標準化し，どの国の教育を受けても世界で同じように評価されたり，処遇されるように学校組織を改善することをめざしている。

　それに対して，制度的な特別措置は，各国の教育事情を考慮して，独自の教育の仕組みを整備することをめざしており，日本では，海外子女教育・帰国子女教育や在日外国人教育などがある。制度的な特別措置は，特定の集団を優遇するため，場合によっては，多数派の人びとの反

発を受けやすい。しかし，義務教育や障害児教育などの教育機会を公的に保障する制度と同様な位置にあり，その教育機会を国内外で整備するのは，国際化時代の学校教育にとって非常に重要な課題である。

(4)「確かな学力」を形成する教育課程と教育評価

それでは，学校教育を通じて，大人世代は次の世代に何を，どのような方法で伝えようとしており，何が今解決すべき課題になっているのか。この問題を，教育課程と教育評価，そして，その背景にある学力観を中心にみると，次のような見取り図を描くことができる。

A．系統主義に経験主義を加味した教育課程

教育課程とは，学校がその教育目標を達成するために，児童生徒に対して教授すべき内容を体系化した教育活動の全体計画である。その編成の第一の主体は，日常の教育活動に携わっている教師であり，児童生徒の教育ニーズや興味・関心，学校としてのまとまり，保護者や地域住民の意向などを考慮しながら，学習指導要領と教科書にもとづいて，それぞれの学校にふさわしい教育課程を編成する。

この教育課程のあり方は，学力観，つまり児童生徒にどのような知識や技能，価値観，態度を，どのような方法で習得させるかについての考え方によって大きく異なっている。第二次世界大戦後の学力観の変遷を，学習指導要領を中心にたどってみると，日本社会の学力観は，知識や技能の系統的な学習を重視する系統主義教育に，児童生徒の様々な経験を問題解決学習によって豊かにすることをめざす経験主義教育を加味したものであることが分かる。

現行の学習指導要領にみられる学力観は，従来の経験主義教育に力点を置いた「ゆとり教育」路線を基本的に継承しているが，知識や技能の系統的な学習も軽視していないことを強調する形で，基礎学力重視の方向へ重点を大きく移したものである。また，学習指導要領は，「最低基

準」として位置づけられ，基礎基本の徹底と「総合的な学習の時間」の充実による「知の総合化」や，児童生徒の個性や能力に応じた発展的学習や補充学習，習熟度別指導を導入した教育課程の個性化と個別化によって，「確かな学力」を形成することがめざされている。

このように，学力を知識や技能に限定しないで包括的に捉え，一人ひとりの児童生徒の教育ニーズに応える教育を奨励する学習指導要領は，教師による教育課程の編成と実践を支えるものとして高く評価することができる。しかし，教育課程の個性化と個別化は，教育内容の質と量における格差を地域や学校，児童生徒の間にもたらす恐れがあるため，その解消をはかる手だてを講じる必要がある。また，学習は個人的な営みとしての性格をますます強めると予想されるので，多様な背景をもつ児童生徒がともに学ぶ学習共同体としての学校の役割をいっそう強化して，教育の公共性を確保することも今後の課題である。

B．教師を主体にした教育評価

教育評価とは，学習者の学習状況とそれを左右する教育活動の実態を明らかにすることで，教育課程の適切性や有効性などを判断することを意味する言葉である。教育評価は，近年，その結果を次のステップの教育課程や様々な教育活動の改善に活用することを期待され，

　　教育課程の計画（plan）→実践（do）→評価（see）

というマネジメント・サイクルの一環として捉えられるようになった。

教育評価の多くは，日常の教育活動のなかで教師により様々な形で実施されている。そのうち，指導要録は，児童生徒の学籍や学習，行動，健康などに関する記録の公的原簿である。この指導要録の第二次世界大戦後の変遷をたどってみると，教育評価の方法は，学習指導要領とそれを支える学力観の変化と連動して，相対評価から絶対評価（個人内評価）を加味した相対評価を経て，目標に準拠した評価へ変わってきてい

る。教育評価の目的が，学力の証明や配置の決定といった管理運営の改善だけでなく，より広く教師の教育指導や児童生徒の学習の改善を含める方向に移行してきたのである。

　教育評価の今後の課題は，目標に準拠した評価の客観性と信頼性を高めるために，日常的な評価活動に役立つ具体的な評価指標や統一的な評価方法を開発することである。また，教育評価は高度の専門性を必要とする活動であることを考えると，教員養成課程や現職教育における教育評価の訓練機会の拡充をはじめ，教育評価の中心的な主体である教師の力量形成をはかる条件を整備することも要請されている。

5．大学教育と生涯学習の改革課題

(1)多様化した学生と大学教育の改革

　学校教育法によれば，大学は就学前教育（幼稚園），初等教育（小学校），中等教育（中学校，高等学校）の次に接続する最終的な学校教育を提供する高等教育機関である。大学の社会的役割は，教育，研究，社会サービスの三つに分けられる。そのうち，中世のヨーロッパで大学が誕生してから今日まで，一貫して重視されてきたのは，学生の教育である。とくに現在の日本では，同世代の半分が大学や短期大学に進学し，学生が多様化したので，大学教育の改革はどの大学でも重要な課題になっている。

　1991年の大学設置基準の大綱化以降，各大学は，自らの理念や目的にふさわしい大学教育のあり方を模索するとともに，その質の向上をはかるために様々な取組を積極的に進めている。たとえば，より高度な内容や専門化した内容，学際的な内容を増やしたり，高校での未履修内容を学ぶ補習教育や大学での学習の仕方を学ぶ導入教育などを行う大学が大幅に増えた。ただし，教養的科目については，増やした大学と減らした

大学の両方があり，各大学の大学教育は，著しく個性化し多様化した。

　大学教育の方法を改善する取組も，多くの大学で進められている。ほとんどの大学は，シラバスを作成したり，学生による授業評価を実施するようになった。少人数教育や厳格な成績評価，さらにファカルティ・ディベロップメント（教員研修）などを実施する大学も増えている。また大学教育の改革にともなって入学者選考方法の見直しも進められ，AO入試をはじめ，多様な方法が導入されるようになった。

　文部科学省も，こうした各大学の取組を支援する施策を実施している。それと同時に，大学教育を評価する仕組みとして，大学の自己点検・評価が義務化され，認証評価機関による第三者評価も導入されるようになった。しかし，大学における教育活動は複雑であること，その成果がすぐに明らかになるとは限らないことなどを考えると，大学教育の評価では，個性化し多様化した大学教育を適切に評価できる評価項目と評価方法を早急に開発することが求められている。

(2)生涯学習社会と学校や大学のあり方

　生涯学習とは，一人ひとりの人間が自発的意思にもとづき，必要に応じて自分に適した手段や方法を自ら選んで生涯を通じて行う学習を意味する言葉である。そして，生涯教育は，この生涯学習が成立するように適切かつ十分に支援する「学習への援助」として位置づけられる。したがって，生涯教育は家庭教育や学校教育，社会教育（成人教育）と対立するものではなく，それらを含めた教育全体の再構築をめざす考え方である。

　日本の教育政策では，1970年代から，生涯学習の考え方を徐々にとりいれながら，教育システムの改革を進めてきた。臨時教育審議会の答申は，生涯学習社会の建設を教育改革の基本的視点の一つとして掲げ，その具体的な方策を提言した。1990年には中央教育審議会答申「生涯学習

の基盤整備について」(1990年) を受けて，日本で初めて生涯学習という用語を用いた法律である「生涯学習振興法」も施行されている。

生涯学習社会における学校や大学のあり方を考える際には，二つの視点，つまり，
　①学校や大学を生涯学習の拠点にする視点
　②学校教育を通じて生涯学習の基礎としての自己教育力を育成する視点
が重要である。

第一の視点からみると，放送大学が1983年に，広く大学教育の機会を提供する生涯学習機関として設立され，2002年から大学院段階の授業も開始された。また，1991年には学位授与機構が設置され，科目履修生制度や大学校で学んだ学習成果により，学位を取得する道が開かれた。さらに既存の大学でも，社会人を対象にした特別選抜を実施したり，昼夜開講制や夜間大学院，通信制教育，公開講座などを行うところが大幅に増えている。

第二の自己教育力を育成する視点からみると，初等・中等教育における教育内容や方法の改善が重要である。現在の「ゆとり教育」路線を基本的に継承した学校教育には，厳しい批判も少なくない。しかし，これはもともと，生涯学習社会に必要な「生きる力」，つまり自ら学び，自ら考える力の育成をめざすものであり，その長所を十分に生かした改革がいっそう推進されることが望まれる。

生涯学習の今後の改革課題は，より多くの人びとが生涯学習に参加できるように，アクセスしやすい学習機会を整備充実することである。また，生涯学習の重要性が社会的に広く認知され，それにもとづいて，生涯学習の成果を適切に評価する仕組みが確立される必要がある。さらになによりも重要なのは，誰もが生涯学習の意義を認め，主体的に参加す

るようになることである。

6. 日本の教育のゆくえ

(1)「小さな政府」の教育政策の特徴

　今日の日本の教育政策は、「小さな政府」の考え方にもとづいて行われている。その特徴は、次の三つにまとめられるだろう。第一に、教育システムの多様化・個性化政策が進められ、教育の分野でも規制緩和と市場競争の原理が導入されるようになった。そのため、学校や大学は政府や公的資金に頼らずに自助努力により教育改革を行い、お互いに競争することにより、教育の質を全体として高めることを要請されている。

　第二に、このような教育の規制緩和や自助努力、市場競争の原理を導入すると、政府の権限は弱まるようにみえるが、実際には、かえって強化された面もある。たとえば、アカウンタビリティの考え方をふまえて、学校や大学は経営責任を明確にするために、その運営状況の情報公開を求められ、学校評価や大学評価も導入されるようになった。政府の教育政策の方針は学校設置基準や大学設置基準による厳しい「事前規制」から、改革の成果を問う「事後規制」へ大きく変わったのである。

　第三に、「小さな政府」が実施する教育改革の主な目的は、日本の経済的な国際競争力を強化するために、学校教育を改善して優れた高学歴人材を養成することである。それは国民のやる気や競争心、進取の気性を活用して学校教育の人材養成機能を高め、人的資源の全体的な底上げをはかるとともに、先端的な学術研究を推進し科学技術を発展させることをめざしている。

(2)教育改革の方向

　教育をめぐる諸問題の解決策を、こうした「小さな政府」の教育政策のみに求めるのは、もともと無理なことである。というのは、学校をは

じめ，家庭や企業，政府など，ほとんどの近代的な組織や制度は人間の社会生活全体の一部分と関連しているだけなので，その改革によって，様々な課題を根底から十分に解決することはできないからだ。

　しかし，深刻な教育の諸問題に対処するために，急速な社会変化に適切に対応した大人や社会の望ましいあり方をふまえ，教育の本質に適った教育改革が，今求められているのはまちがいないことである。その際に重要なのは，これまで学校や大学が長い年月をかけて培ってきた社会的使命，つまり，基本的人権の尊重や公正で平等な学習機会の拡充，人類の知的遺産の継承，公平無私な真理の探究などを損なわないように，教育システムの改革を進めることである。またそれと同時に，一人ひとりの人間が人間らしく生きていくために生涯にわたって自発的に学べるように，学校や大学をはじめ，家庭や地域社会，政府の仕組みなど，教育をとりまく社会的基盤を実質的に整備することも強く求められている。

●学習課題
(1)日本の教育改革について，新聞や雑誌，テレビなどのマスメディアでは，最近，どのように論じられているか，関心のあるテーマにポイントを絞って整理しなさい。
(2)学校教育はあなたの人生にとって，どのような意義や意味があるのかを，できるだけ広い視野から考えてみよう。
(3)あなたの経験と「基礎教育学」の講義をふまえて，20年後の日本の教育を自由にイメージしてみよう。

索　引

(配列は五十音順，＊は人名を示す。)

●あ　行

愛………………………………71
愛国心…………………………56
愛護……………………………59
愛情………………………64, 72
愛の原理…………………71, 72
アウグスティヌス＊…………39
赤い鳥………………………57, 58
赤井米吉＊……………………56
アカウンタビリティ
　　……………208, 212, 214, 235
悪……………………20, 39, 44, 45, 52
東　　洋＊……………………29
遊び………………43, 50, 69, 70
遊び・労働不在………………65
アダルト・チルドレン…63, 65, 66
アドミッション・オフィス入試（AO入試）……………………162
apprendre………………………19
予めする教育…………………52
アリエス＊……………………40
安心感…………………………40
家………………………………49, 64
イエス＊…………………37, 38, 40
家の子……………………50, 56, 60
生きがい………………………65
生き方…………………………76
生きる力

…73, 79, 80, 84, 87～90, 110, 130, 234
育……………………………11～13
育児ノイローゼ………………65
育児不安………………………65
育成…………………26, 27, 59, 65
いじめ……………………60, 72
一家団欒………………………73
一般選抜………………………161
異年齢仲間集団………………60
戒め………………36, 37, 52, 54
意欲・関心・態度……………112
インターネット………………69
インドクトリネーション……20
ヴィゴツキー＊………………31
宇宙……………………………42
産神……………………………48
education…………………15, 16
evolution……………………25, 28
エミール……………………41, 42
援助…………………31～33, 55
及川平治＊……………………56
大原幽学＊………………51, 53, 54
教え込む………………………68
教え――学ぶ関係……………20
教え（る）………11, 36, 52, 54
教える………12～15, 18, 19, 36, 71
おとな……………………27, 32
大人………………12, 14, 20, 23,

　　　　31, 37, 38, 40〜42, 47, 50, 51, 58, 61
大人の延長 ……………………50, 51
小原國芳* ………………………56
思いやり…………………………74
親………………………………
　　　12〜14, 41, 55, 66, 68, 69, 71, 73〜76
親子 ………………………36, 64, 76, 77
親子関係 ……………………13, 64
親子心中…………………………66

●か　行

海外子女教育 ………192, 196, 197, 229
外国語教育 …………191, 193, 194, 229
外国人学校 ……………………199
外国人教員の任用 …………192, 195
外国人労働者 …………………187
改正教育令………………………55
階層 ……………………………119
階層差……………………………67
画一的，注入主義的教育方法………56
貝原益軒* …………………51〜54
過干渉……………………………32, 65, 72
餓鬼………………………………49
学（學）……………………………16, 17
核家族……………………………63〜65
核家族化…………………………63, 67
学習 ……………………………11,
　　　16〜21, 29, 32, 39, 53, 122, 222, 223
学習意欲 ………………………20, 55
学習過程 ………………………19, 20
学習共同体としての学校の機能 …119
学習指導要領……………………
　　　…………103, 215, 216, 226, 230, 231

学習者……………………………20
学習社会 ………………………171
学習人口 …………………176, 177
学習への援助……………………20
学習理論 ………………………124
学制序文 ………………………55
学生による授業評価 …………160
学籍簿 …………………………130
拡大家族…………………………65
学問の自由 ……………………106
学力 ……………………………103
学力観 ……………………103, 230, 231
学力低下論 ……………………103
学力保証 …………………125, 221
学歴社会 ………………………105
家事………………………………70, 74, 75
過疎化……………………………60
家族………………………40, 41, 65, 70, 72〜74
家族観……………………………65
型…………………………………52
型はめ……………………………68
片山　伸* ………………………57
価値………………………………19
価値観……………………20, 28, 67, 69, 76
価値観の多様化・多元化………67
価値教育…………………………
　　　139, 142, 143, 146, 148〜150, 206, 229
学級崩壊…………………………72
学校（教育）………………39, 41, 58, 60
学校教育 ……16, 48, 55, 56, 60, 68, 75,
　　　221, 222, 226, 227, 229, 230, 232〜235
学校裁量の時間（いわゆる「ゆとり
　の時間」）………………………110

学校選択制 …………………211, 215
学校と社会…………………………57
学校評価 ……………………214, 235
学校評議員制度 ……………………212
勝田守一* …………………………30
家庭…36, 39, 55, 60, 63〜65, 67, 69〜76
家庭教育 ………………………36, 65
家庭内暴力…………………………65
家庭の教育力 …………………63, 68
過保護 ……………………32, 65, 72
過保護で過干渉な家庭………………72
神 …………………36, 37, 39, 42, 43
神の像………………………………42
神の似姿……………………………43
神の「よりしろ」「よりまし」………48
科目等履修生制度 …………………179
カリキュラム ……………………104
河原和枝* …………………………57
感覚的存在…………………………42
環境……………………………52, 59, 60
監護…………………………………66
感情 ……………………………42, 45
間接的なコミュニケーション………60
完全消費者 …………………………60, 70
完全なる子ども……………………39
観点別学習状況 …………………130
神主…………………………………48
「管理・運営」の改善 ……………122
帰国子女教育 ………192, 196, 197, 229
機会の均等 ………79, 82, 83, 85, 86, 89
疑似体験の増加……………………69
規則…………………………………71
規制緩和 …………………………235

北原白秋* ………………………57, 58
技能…………………………………19
木下竹次* …………………………56
規範…………………………………19
規範意識……………………………75
厳しさ………………………………71
基本的信頼感………………………72
基本的な安心感……………………73
基本的な生活習慣…………………73
客観性と信頼性 …………………125
キャップ制 ………………………160
旧約聖書 ………………35, 36, 38, 39
教 …………………………11〜13, 19
教…………11〜13, 15, 16, 19〜21,
　23, 30〜32, 36, 38, 39, 41, 44, 52, 53,
　55, 57, 60, 63, 68, 69, 71, 222, 223
教育改革……………………………201,
　205, 216, 217, 219, 221, 222, 224〜226
教育学 ………………………16, 222, 223
教育過程 ……53, 63, 101, 121, 230, 231
教育過程の個性化 ………………118
教育可能性…………………………52
教育観………………………………35, 39,
　41, 44, 45, 47, 52, 53, 55, 60, 61, 224
教育関係……………………………13
教育機能 …………………………155
教育基本法 ……………………59, 106
教育刷新委員会 …………………219, 220
教育システムの標準化 ……191, 195
教育者 ………………………………41, 45
教育する家族………………………72
教育する家庭 ……………………224, 225
教育測定 …………………………103

教育勅語	56
教育内容の厳選（3割削減）	110
教育内容の精選と現代化	109
教育の機会均等	119
教育の国際化	186, 189, 190, 191, 199, 229
教育費	64
教育評価	230〜232
教育令	55
教育を受ける権利	106
教員の専門性	187
教科	104
教学大旨	55
教科書中心主義	107
教訓	13, 44
教材（教科書）	53, 107
教師	20, 32, 36
教師中心・教科書中心	56
教授	14, 16, 44
教授法	53
行政指導の教育改革	222〜224
業績主義	123
共同責任	67
共同体験	75
興味	19, 53
興味・関心	30
キリスト*	39
キリスト教	38〜40, 43
キルパトリック*	57
近世以前の社会	47
近世社会	51
近代学校の選別配分機能	123
組み合わせ理論	45

訓戒	14
訓練	16, 18, 36, 41
ケイ*	57
経験	19, 32, 52
経験主義	127
経済協力開発機構（OECD）	171, 172, 188
芸術教育運動	57
形成的評価	127
携帯電話	60, 69
系統主義	110
系統発生	27, 28
ゲゼル*	30
欠食児童	58
ケルシェンシュタイナー*	57
権威の原理	71
原罪	38, 39
原罪説	41
顕在的カリキュラム	104
原罪的子ども観	38, 41
権利行使の能動的な主体	59
権利の主体	59
公害	69
公開講座	180
高学歴人材の養成	209
公教育	56, 140, 147, 150
硬教育	36
公共性	119
合計特殊出生率	64
皇国民	58
構成主義	117
行動	19, 73, 74
行動主義	117

行動・態度・生き方……………………14
高度経済成長………………………………60
高度経済成長期……………63, 109, 133
高齢者介護…………………………………65
高齢者単独世帯…………………………64
校内暴力……………………………………60
国際人 ……………………………………190
国際バカロレア ………………………195
国際理解教育 ……………191, 192, 229
国勢調査……………………………………63
国籍条項 …………………………195, 196
穀つぶし……………………………………49
国民学校……………………………………58
国民学校令…………………………………58
国民国家………………………202～204, 216
国民的アイデンティティ ……149, 227
国立大学法人化 …………………164, 213
心構え………………………………………20
子殺し………………………………………66
心の基地……………………………………73
心の教育 ………………………………75, 76
孤食…………………………………………74
個人化………………………………………67
孤人化………………………………………65
個人差………………………………………67
個人内評価………………………………124
姑息の愛……………………………………52
個性…………………………………52, 59, 68
個性化………………………………………71
個性重視の原則 …………………210, 215
子捨て………………………………………66
子育て…53～55, 64, 67, 71, 72, 224, 225
子育て負担…………………………………67

個体発生……………………………26～28
「子宝」的子ども観……………………49
国家の子 ……………………………56, 60
子ども ……………………………12～15,
　　23, 27, 28, 30～32, 35～38, 40～45,
　　47, 49～61, 63, 64, 66～76
子ども－大人関係 ………35, 47, 48, 61
子ども観……………………………35～39, 44,
　　45, 47, 48, 50, 51, 57, 58, 60, 61, 226
子ども期 ……………40, 41, 57, 60, 224
子ども組……………………………………48
子ども神性論………………………………43
子どもの権利宣言………………………59
子ども（児童）の権利に関する条約
　……………………………………………59
コミュニケーション……………………74

●さ 行

才……………………………………………54
才気…………………………………………54
才智…………………………………………53
最低基準 …………………………………111
在日外国人教育 …………192, 198, 229
才能…………………………………………52
沢柳政太郎*………………………………52
試案………………………………………109
支援 …………………………………20, 67
自学（自習）………………………20, 56
自己………………………………21, 30, 31, 33
思考力・判断力・表現力 ……………112
事後規制…………………………………214
自己教育力………………………………20, 190
自己点検・評価 …………………163, 164

市場競争の原理……………………………207, 208, 211〜213, 217	市民性教育 ……………142, 227, 228
自助努力 ……208, 211, 215, 217, 235	社会……………………………………19, 21, 28, 29, 36, 40, 42, 60, 68, 71, 75, 76
自信………………………………………73	社会化 ……………………………19, 72
自制 …………………………………73, 74	社会生活 …………………………73, 74
自然 ……………13, 42, 44, 54, 55, 70	社会体験……………………………………75
自然体験 ……………………………69, 75	社会ダーウィン主義…………………………28
自然の摂理……………………………………53	社会のグローバル化……………………………………142, 201〜203, 205
自然破壊………………………………………69	社会の代理人……………………………………71
志操 ……………………………………20	習 ……………………………………16, 17
自尊感情………………………………………73	自由……………………………………71
自治 ……………………………………56	就学率 ……………………………55, 56
しつけ ………39, 65, 67〜69, 73, 74	宗教 ……………………………36, 37
しつけ糸………………………………………68	宗教学習 ………144, 147, 151, 227, 228
しつけ不在……………………………………65	宗教教育……………………………………36, 139, 142〜148, 150, 151, 227, 228
実践 …………………………………75, 76	宗教情操教育 ……………………143, 144
指導………………………14, 31, 54, 68, 75	宗教知識教育 …143, 144, 147, 150, 151
児童 ……………………55, 56, 59, 66	宗教的情操……………………………………76
児童虐待………………63, 65〜67, 72	宗教文化教育 ……………………………143
児童虐待防止法 ……………………66, 67	習熟………………………………18, 19, 21
指導・教授 ……………………………122	習熟度別指導 ………………………111
指導と評価の一体化 ……………………134	集団生活……………………………………75
児童憲章………………………………………59	宗派教育 ……………………146, 150, 151
児童自由画運動……………………………57	儒教……………………………………53
児童中心主義…………………………………56	塾通い……………………………………60
児童の世紀……………………………………57	シュライエルマッハー* ………44, 45
児童福祉法………………………………59	生涯学習……………………………………169, 172〜176, 178, 180〜184
児童文芸運動……………………………57	生涯学習社会 ……………………233, 234
指導要録 ………………………129, 231	生涯教育……………………169〜176, 221, 233
自発自展……………………………………52	小学校……………………………55, 56, 58
自発性……………………………………56	
GPA制 …………………………………160	
市民性 ……………………………91〜93, 99	

消極教育……………………42
消極理論……………………44, 45
少国民………………………58
少子化………………………64, 75
少子家族化…………………60
情報化社会…………………60
情報技術（IT）革新……201, 209, 216
小論文（課題論文・作文）………162
植物栽培……………………54
助成……………………20, 32, 44, 45
シラバス……………………160
自立（自律）…………68, 71, 73, 74
自立心………………………73, 74
自立性………………………68
進化………………………25〜28, 40
進化論………………………28
人格……………………40, 59, 68, 76
新学力観……………………110
新教育………………………59
新教育運動…………………56, 57
新教育期……………………108, 114
人権の主体…………………59
信仰……………………38, 39, 43
人材の配分機能………79, 83, 84
人種間の対立…………91, 94, 96, 100
人生観………………………76
人生の先輩…………………71
人生の智恵…………………76
身体…………………………25, 54
身体接触（スキンシップ）………73
身体的虐待…………………66
身体的存在…………………42
診断的評価…………………127

信念…………………………20
進歩……………………23, 25, 26, 28
新保守主義……………206〜208
新約聖書……………………35, 38
信頼…………………………64
信頼感………………………73
信頼の絆……………………72
真理…………………………17, 59
心理的外傷…………………66
心理的虐待…………………67
随年教法……………………53
スキナー*……………………31
鈴木三重吉*…………………57
世阿弥*……………………50, 51
性悪説……………………38, 39, 43〜45
成育…………………………12, 26
性格…………………………19, 52
性格の形成…………………16
生活…………………………
　…47, 49, 51, 55, 59, 60, 65, 69, 72, 76
生活技術……………………75
生活教育……………………75
生活信条……………………76
生活体験……………………70, 75
生活体験の不在……………69
生活の智恵…………………75
生活のリズム………………74
正規分布……………………125
政教分離……………147, 148, 150
誠実…………………………17
政治的共同体………………203
正邪…………………………54
成熟……………………19, 27〜30, 42

243

索引

成熟説……………………………30
精神……………………………25, 54
精神的存在………………………42
成人法……………………………30
性善説………………35, 44, 45, 51
成長………………………15, 19,
　21, 23, 25～27, 29～31, 42, 52～54, 68
性的虐待………………………66, 67
生徒……………………………41, 60
青年………………………………15
性別役割分業……………………64
世界……………………………33, 73
世界観……………………………76
世界貿易機関（WTO）………189, 204
責任…………………………38, 55
責任感……………………………74
世帯規模の縮小化………………63
世代差……………………………67
積極理論………………………44, 45
摂食障害………………………64, 72
絶対評価…………………………132
説文解字…………………………13
善………………20, 41, 43～45, 51, 52
善悪…………………………36, 44, 54
善悪のけじめ…………………73, 74
先決説……………………………26
潜在的（隠れた）カリキュラム…104
洗礼………………………………39
総括的評価…………………129, 187
総合的所見………………………130
総合的な学習の時間………………
　……………104, 128, 192, 228, 231
相対評価…………………………124

促進…………………………30, 32
測定しにくい学力………………112
測定しやすい学力………………112
素質決定論………………………125
ソーシャル・スキル……………74
そだつ………………………13, 14
育てる……………11, 12, 14, 15, 54, 71
ソーンダイク*……………………39

●た　行
退化………………………………23
大学教育……………………232, 233
大学設置基準………………………
　……156, 158, 161, 163, 164, 212, 214
大学全入時代……………………161
大学入学者選抜方法……………161
大学の教育機能…………………153
大学評価……………………214, 235
大学評価・学位授与機構…163, 164, 178
大学ランキング…………………165
大家族……………………………65
体験………………………18, 69, 75, 76
大綱化………………158, 161, 163, 164
大綱的基準…………………106, 109
第三者評価…………………163, 233
大衆消費社会……………………60
大正自由教育運動………………56
大正デモクラシー……………56, 57
態度…………………………19, 20
体罰………………………………39
ダーウィン*……………………28
タクト……………………………45
多元化……………………………76

確かな学力 …………79, 80, 84, 87〜90
「確かな学力」追求期 …108, 111, 116
達 ………………………………23, 24
多文化共生 ……………91, 97, 100
多文化社会………………139, 140,
　142, 146, 148〜150, 206, 217, 227, 228
多様化……………………………76, 161
多様なアイデンティティ…91, 95, 97, 98
単元 ……………………………104
単独世帯………………………64
智………………………………54
地域共同体 ……………………60, 68
地域共同体の子…………………60
地域社会…………………39, 65, 67
小さな政府……………………
　201, 206, 208, 210, 214, 216, 217, 235
稚児……………………………48
知識 ……………………………14, 19
知識・技術……………………75
知識・技能……………14, 16, 20, 112
知識偏重 ………………………118
父（親）………………36, 37, 76
知の総合化 ……………………111
中央教育審議会…………………220
調査書（内申書）………………130
通知票 …………………………128
綴り方・詩作指導………………57
低経済成長期 …………108, 116
適応……………………………29
適正……………………………33
手塚岸衛* ……………………56
debelopment ……25, 26, 28, 30
手本……………………………17

デューイ* ………………………30, 57
テレビ（TV）…………………60, 69
テレビ（TV）ゲーム ……………69
展開………………25, 26, 30, 44
天皇……………………………56
到達レベル（ねらい・評定尺度）…126
道徳……………………………104
道徳観…………………………75
道徳教育 ………142, 144, 146, 147
道徳・宗教・教育………………39
道徳心…………………………76
導入教育 ………………………159, 181
徳育……………………………76
特別活動 ………………………104
都市化……………………60, 67, 69, 75
トロウ* ………………………155

●な　行

ナトルプ* ………………………57
七つまでは神のうち……………48
ならう…………………………18
習う……………………………17, 18
倣う……………………………12, 19
日常的な評価（基本簿）………187
日本技術者教育認定機構（JABEF）
　………………………………165
日本語教育 ……………191, 194, 229
日本国憲法………………………59, 106
日本人学校 ……………………196, 197
入学者受入方法（アドミッション・
　ポリシー）……………………161
人間……………………………11,
　14, 15, 19〜21, 23, 34, 27〜31, 33,

245

索引

　　　　36〜39, 41〜45, 52, 53, 68, 71, 75
人間観……………………………52
人間関係能力…………………73, 74
人間神性論………………………43
人間性 ……………………43, 63, 65, 72
人間の育成………………………59
人間の教育………………………44
認識……………………………42, 47, 75
認知的教育………………………
　　　　………141, 149, 150, 205, 217, 227
能力……………14, 19, 25, 31, 33, 54, 68
野口援太郎*……………………56

●は　行
パウロ*……………………………39
パーカスト*………………………57
白紙………………………………52
パソコン…………………………60
発（發）……………………23, 24, 30
発育………………………………24〜27
発生 ……………………………26, 27
発達 ………………………………21,
　　23〜26, 28〜31, 53, 54, 68, 222, 223
発達過程…………………………21
発達即応の教育…………………31
発達即教育………………………31
発達段階…………………………50
発達の最近接領域 ……………31, 32
発達論……………………………124
発展 ………15, 16, 25, 26, 28, 29, 42, 44
発展段階…………………………42
発展的学習 ……………………111
発動………………………………24

羽仁もと子*……………………56
晩婚化……………………………64
母（親）…………………39, 67, 72
ハント*……………………………31
PISA ……………………79, 81〜84, 89
ひきこもり …………………63, 65
被仰出書…………………………55
非行………………………………60
ビデオ……………………………69
評価指標（ルーブリック）………126
広田照幸*……………………68, 73
ファカルティ・ディベロップメント
　（FD）…………………………160
フィードバック …………………124
夫婦 ……………………63〜65, 67
復習………………………………17
父子………………………………37
父子世帯…………………………65
武士社会…………………………50
父性の原理………………………71
不登校……………………………60
ブルーナー*……………………31
フレーベル* ……………30, 43, 44, 54
雰囲気……………………………45
文化 ……………………………59, 71
文化的共同体 …………148, 150, 202
文芸教育…………………………57
陛下の赤子………………………58
平均世帯人数……………………63
米国教育使節団…………………219
平和……………………………59, 73
偏差値教育………………………60
偏差値輪切 ……………………118

246

偏食……………………………………74
放送大学 ……………………178, 179, 234
法的拘束力 …………………107, 109, 133
放任 ………………………………32, 72
母語 …………………………………194, 198
保護者 ………………………………66, 71
保護の怠慢ないし拒否（ネグレクト）
　…………………………………………67
母子世帯……………………………………65
補充学習…………………………………111
補習授業校 ……………………………197
母性………………………………………71
母性の原理………………………………71
ボランティア活動………………………75

●ま　行
マス・メディア…………………………60
町の子……………………………55, 56
マナー……………………………15, 75
学び…………………………11, 75, 77
まなぶ………………………………17, 18
学ぶ………………………12, 18〜20, 52
学ぶ力……………………………………73
学ぶ能力…………………………………42
まねる……………………………………18
真似る（倣う）…………………………12
マリア像…………………………………40
「見合い」結婚…………………………64
未決定性…………………………………45
未婚率……………………………………64
自ら学び，自ら考える力………………20
見習奉公…………………………………41
見習う……………………………………12

民主主義…………………………………59
無垢 ……………………………………39, 41
無垢な子…………………………………58
鞭の教育…………………………………36
村の子……………………………55, 56
面接………………………………………162
孟子* ……………………………………13
目標に準拠した評価……………………124
模倣………………………………………18, 19
問題解決…………………………………31
モンテッソーリ* ………………………57

●や　行
役割………………………………………19
優しさ……………………………………71
柳田國男* …………………………47, 48
山上憶良* …………………………48, 49
山本　鼎* ………………………………57
「ゆとり路線」…………………………109
「ゆとり路線」転換……………………133
ユネスコ ……………………………169, 172
よい子……………………………………72
よい母……………………………………72
養育……………………………15, 71, 72
養育不在…………………………65, 66
幼名………………………………………50
抑制………………………………………45
欲求………………………………………31
予定説……………………………………26

●ら　行
learning……………………………18, 19
ラングラン* …………………………169

ランゲフェルド* ……………32, 71	礼儀作法………………………68
理解 ……………19, 67, 74, 76	レディネス……………………30
リカレント教育 ………………171	「恋愛」結婚……………………64
離婚単独世帯……………………64	練成……………………………58
離婚率……………………………65	労働……………………43, 60, 70
理想的人間像……………………52	労働不在………………………69
離別・死別単独世帯……………64	ロマン主義的子ども観…………58
両親 ……………………71, 73	論語……………………………17
臨時教育審議会………………………	
……………186, 210, 215, 222, 233	●わ　行
倫理観……………………………75	童髪……………………………50
ルソー* ………………41, 42, 43	童装束…………………………50
ルール …………………69, 75, 76	童名……………………………50
霊…………………………………52	をしふ…………………………13

分担執筆者紹介

(執筆の章順)

●（かたやま・かつしげ）
片山　勝茂　●
6・7

1974年	兵庫県に生まれる
1997年	京都大学教育学部卒業
2005年	京都大学大学院教育学研究科博士後期課程学修認定退学
現在	東京大学大学院教育学研究科准教授
専攻	教育哲学
主な著書	Education and Practice : Upholding the Integriy of Teaching and Learning（共著　Blackwell Publishing　2004年）
	『道徳教育の可能性―その理論と実践―』（共著　ナカニシヤ出版　2005年）
	『教育哲学の再構築』（共著　学文社　2006年）

●（ふかほり・さとこ）
深堀　聰子　●
8・9

1967年	大阪府に生まれる
1991年	京都大学教育学部卒業
2000年	米国コロンビア大学大学院教育学科博士課程修了，Ph.D
現在	国立教育政策研究所総括研究官
専攻	比較教育学，教育社会学
主な著書	『世界の幼児教育・保育改革と学力』（共著　明石書店　2008年）
	『教育から職業へのトランジション』（共著　東信堂　2008年）
	『保育を学ぶ人のために』（共著　世界思想社　2006年）
	『大学の管理運営改革・日本の行方と諸外国の動向』（共著　東信堂　2005年）
	『比較教育学の基礎』（共著　ナカニシヤ出版　2004年）
	『教育の比較社会学』（共著　学文社　2004年）
	『世界と公教育と宗教』（共著　東信堂　2003年）

分担執筆者紹介

●（なんぶ・ひろたか）南部 広孝●
11・12

1967年	富山県に生まれる
1990年	京都大学教育学部卒業
1995年	京都大学大学院教育学研究科博士後期課程学修認定退学
2005年	博士（教育学）取得
現在	京都大学大学院教育学研究科准教授
専攻	比較教育学
主な著書	『中国高等教育独学試験制度関連法規（解説と訳)』（編訳　広島大学高等教育研究開発センター　2001年）
	『文革後中国における大学院教育』（編著　広島大学高等教育研究開発センター　2002年）
	『中国高等教育独学試験制度の展開』（単著　東信堂　2009年）

編著者紹介

●江原　武一●
（えはら・たけかず）

10・13・14・15

1941年	群馬県に生まれる
1965年	東京大学教育学部卒業
1971年	東京大学大学院教育学研究科博士課程単位取得退学
1980年	教育学博士（東京大学）
現在	立命館大学教育開発推進機構教授・京都大学名誉教授
専攻	高等教育学・比較教育学
主な著書	
単著	『現代高等教育の構造』（東京大学出版会　1984年）
	『現代アメリカの大学』（玉川大学出版部　1994年）
	『大学のアメリカ・モデル』（玉川大学出版部　1994年）
	『転換期日本の大学改革』（東信堂　2010年）
編著	『自己意識とキャリア形成』（共編著　学文社　1996年）
	『大学教授職の国際比較』（共編著　玉川大学出版部　1996年）
	『多文化教育の国際比較』（玉川大学出版部　2000年）
	『世界の公教育と宗教』（東信堂　2003年）
	『大学院の改革』（共編著　東信堂　2004年）
	『大学の管理運営改革』（共編著　東信堂　2005年）

●山﨑　高哉●
（やまざき・たかや）

1・2・3・4・5

1940年	奈良県に生まれる
1962年	京都大学教育学部卒業
1967年	京都大学大学院教育学研究科博士課程単位取得退学
1994年	京都大学博士（教育学）
現在	大阪総合保育大学学長・京都大学名誉教授
専攻	教育学
主な著書	
単著	『ケルシェンシュタイナー教育学の特質と意義』（玉川大学出版部　1993年）
	『子どもの現在と未来』［新版］（創教出版　1995年）
編著	『21世紀を展望した子どもの人間形成に関する総合的研究』（伊藤忠記念財団　2001年）
	『応答する教育哲学』（ナカニシヤ出版　2003年）
	『教育学への誘い』（ナカニシヤ出版　2004年）
	『日中教育学対話』（春風社　Ⅰ　2008年，Ⅱ・Ⅲ　2010年）

放送大学教材　1111604-1-0711（ラジオ）

基礎教育学

発行─── 2007年4月1日　第1刷
　　　　2016年2月20日　第4刷

編著者─── 江原　武一
　　　　　 山﨑　高哉

　　　　　　　　　　　　一般財団法人
発行所─── 放送大学教育振興会
　　　　　〒105-0001
　　　　　東京都港区虎ノ門1-14-1
　　　　　郵政福祉琴平ビル
　　　　　電話・東京（03）3502-2750

市販用は放送大学教材と同じ内容です。定価はカバーに表示してあります。　ISBN978-4-595-30704-1 C1337
落丁本・乱丁本はお取り替えいたします。　Printed in Japan